心一堂術數古籍珍本叢刊

書名：章仲山門內秘傳《堪輿奇書》附《天心正運》【原（彩）色本】
系列：心一堂術數古籍珍本叢刊　堪輿類　無常派玄空珍秘　第二輯　181
作者：【清】章仲山傳、【清】華湛恩
主編、責任編輯：陳劍聰
心一堂術數古籍珍本叢刊編校小組：陳劍聰　素聞　鄒偉才　虛白盧主

出版：心一堂有限公司
通訊地址：香港九龍旺角彌敦道六一〇號荷李活商業中心十八樓〇五—〇六室
深港讀者服務中心：中國深圳市羅湖區立新路六號羅湖商業大厦負一層〇〇八室
電話號碼：(852)67150840
網址：publish.sunyata.cc
電郵：sunyatabook@gmail.com
網店：http://book.sunyata.cc
淘寶店地址：https://shop210782774.taobao.com
微店地址：https://weidian.com/s/1212826297
臉書：https://www.facebook.com/sunyatabook
讀者論壇：http://bbs.sunyata.cc/

版次：二零一九年二月初版
平裝

定價：港幣　五百八十元正
新台幣　兩千兩百八十元正

國際書號：ISBN 978-988-8582-36-5

香港發行：香港聯合書刊物流有限公司
地址：香港新界大埔汀麗路36號中華商務印刷大廈3樓
電話號碼：(852)2150-2100
傳真號碼：(852)2407-3062
電郵：info@suplogistics.com.hk

台灣發行：秀威資訊科技股份有限公司
地址：台灣台北市內湖區瑞光路七十六巷六十五號一樓
電話號碼：+886-2-2796-3638
傳真號碼：+886-2-2796-1377
網絡書店：www.bodbooks.com.tw
台灣國家書店讀者服務中心：
地址：台灣台北市中山區松江路二〇九號一樓
電話號碼：+886-2-2518-0207
傳真號碼：+886-2-2518-0778
網絡書店：http://www.govbooks.com.tw

中國大陸發行　零售：深圳心一堂文化傳播有限公司
深圳地址：深圳市羅湖區立新路六號羅湖商業大厦負一層〇〇八室
電話號碼：(86)0755-82224934

心一堂微店二維碼

心一堂淘寶店二維碼

心一堂術數古籍 珍本 整理 叢刊 總序

術數定義

術數，大概可謂以「推算（推演）、預測人（個人、群體、國家等）、事、物、自然現象、時間、空間方位等規律及氣數，並或通過種種『方術』，從而達致趨吉避凶或某種特定目的」之知識體系和方法。

術數類別

我國術數的內容類別，歷代不盡相同，例如《漢書·藝文志》中載，漢代術數有六類：天文、曆譜、五行、蓍龜、雜占、形法。至清代《四庫全書》，術數類則有：數學、占候、相宅相墓、占卜、命書、相書、陰陽五行、雜技術等，其他如《後漢書·方術部》、《藝文類聚·方術部》、《太平御覽·方術部》等，對於術數的分類，皆有差異。古代多把天文、曆譜、及部分數學均歸入術數類，而民間流行亦視傳統醫學作為術數的一環；此外，有些術數與宗教中的方術亦往往難以分開。現代民間則常將各種術數歸納為五大類別：命、卜、相、醫、山，通稱「五術」。

本叢刊在《四庫全書》的分類基礎上，將術數分為九大類別：占筮、星命、相術、堪輿、選擇、三式、讖諱、理數（陰陽五行）、雜術（其他）。而未收天文、曆譜、算術、宗教方術、醫學。

術數思想與發展——從術到學，乃至合道

我國術數是由上古的占星、卜筮、形法等術發展下來的。其中卜筮之術，是歷經夏商周三代而通過「龜卜、蓍筮」得出卜（筮）辭的一種預測（吉凶成敗）術，之後歸納並結集成書，此即現傳之《易

經》。經過春秋戰國至秦漢之際，受到當時諸子百家的影響、儒家的推崇，遂有《易傳》等的出現，原本是卜筮術書的《易經》，被提升及解讀成有包涵「天地之道（理）」之學。因此，《易・繫辭傳》曰：「易與天地準，故能彌綸天地之道。」

漢代以後，易學中的陰陽學說，與五行、九宮、干支、氣運、災變、律曆、卦氣、讖緯、天人感應說等相結合，形成易學中象數系統。而其他原與《易經》本來沒有關係的術數，如占星、形法、選擇，亦漸漸以易理（象數學說）為依歸。《四庫全書・易類小序》云：「術數之興，多在秦漢以後。要其旨，不出乎陰陽五行，生剋制化。實皆《易》之支派，傅以雜說耳。」至此，術數可謂已由「術」發展成「學」。

及至宋代，術數理論與理學中的河圖洛書、太極圖、邵雍先天之學及皇極經世等學說給合，通過術數以演繹理學中「天地中有一太極，萬物中各有一太極」（《朱子語類》）的思想。術數理論不單已發展至十分成熟，而且也從其學理中衍生一些新的方法或理論，如《梅花易數》、《河洛理數》等。

在傳統上，術數功能往往不止於僅僅作為趨吉避凶的方術，及「能彌綸天地之道」的學問，亦有其「修心養性」的功能，「與道合一」（修道）的內涵。《素問・上古天真論》：「上古之人，其知道者，法於陰陽，和於術數。」數之意義，不單是外在的算數、歷數、氣數，而是與理學中同等的「道」、「理」——心性的功能，北宋理氣家邵雍對此多有發揮：「聖人之心，是亦數也」、「萬化萬事生乎心」、「心為太極」。《觀物外篇》：「先天之學，心法也。……蓋天地萬物之理，盡在其中矣，心一而不分，則能應萬物。」反過來說，宋代的術數理論，受到當時理學、佛道及宋易影響，認為心性本質上是等同天地之太極。天地萬物氣數規律，能通過內觀自心而有所感知，即是內心也已具備有術數的推演及預測、感知能力；相傳是邵雍所創之《梅花易數》，便是在這樣的背景下誕生。

《易・文言傳》已有「積善之家，必有餘慶；積不善之家，必有餘殃」之說，至漢代流行的災變說及讖緯說，我國數千年來都認為天災，異常天象（自然現象），皆與一國或一地的施政者失德有關；下至家族、個人之盛衰，也都與一族一人之德行修養有關。因此，我國術數中除了吉凶盛衰理數之外，人心的德行修養，也是趨吉避凶的一個關鍵因素。

術數與宗教、修道

在這種思想之下，我國術數不單只是附屬於巫術或宗教行為的方術，又往往是一種宗教的修煉手段--通過術數，以知陰陽，乃至合陰陽（道）。「其知道者，法於陰陽，和於術數。」例如，「奇門遁甲」術中，即分為「術奇門」與「法奇門」兩大類。「法奇門」中有大量道教中符籙、手印、存想、內煉的內容，是道教內丹外法的一種重要外法修煉體系。甚至在雷法一系的修煉上，亦大量應用了術數內容。此外，相術、堪輿術中也有修煉望氣（氣的形狀、顏色）的方法；堪輿家除了選擇陰陽宅之吉凶外，也有道教中選擇適合修道環境（法、財、侶、地中的地）的方法，以至通過堪輿術觀察天地山川陰陽之氣，亦成為領悟陰陽金丹大道的一途。

易學體系以外的術數與的少數民族的術數

我國術數中，也有不用或不全用易理作為其理論依據的，如揚雄的《太玄》、司馬光的《潛虛》。也有一些占卜法、雜術不屬於《易經》系統，不過對後世影響較少而已。

外來宗教及少數民族中也有不少雖受漢文化影響（如陰陽、五行、二十八宿等學說。）但仍自成系統的術數，如古代的西夏、突厥、吐魯番等占卜及星占術，藏族中有多種藏傳佛教占卜術、苯教占卜術、擇吉術、推命術、相術等；北方少數民族有薩滿教占卜術；不少少數民族如水族、白族、布朗族、佤族、彝族、苗族等，皆有占雞（卦）草卜、雞蛋卜等術，納西族的占星術、占卜術，彝族畢摩的推命術、占卜術……等等，都是屬於《易經》體系以外的術數。相對上，外國傳入的術數以及其理論，對我國術數影響更大。

曆法、推步術與外來術數的影響

我國的術數與曆法的關係非常緊密。早期的術數中，很多是利用星宿或星宿組合的位置（如某星在某州或某宮某度）付予某種吉凶意義，并據之以推演，例如歲星（木星）、月將（某月太陽所躔之宮次）等。不過，由於不同的古代曆法推步的誤差及歲差的問題，若干年後，其術數所用之星辰的位置，已與真實星辰的位置不一樣了；此如歲星（木星），早期的曆法及術數以十二年為一周期（以應地支），與木星真實周期十一點八六年，每幾十年便錯一宮。後來術家又設一「太歲」的假想星體來解決，是歲星運行的相反，週期亦剛好是十二年。而術數中的神煞，很多即是根據太歲的位置而定。又如六壬術中的「月將」，原是立春節氣後太陽躔娵訾之次而稱作「登明亥將」，至宋代，因歲差的關係，要到雨水節氣後太陽才躔娵訾之次，當時沈括提出了修正，但明清時六壬術中「月將」仍然沿用宋代沈括修正的起法沒有再修正。

由於以真實星象周期的推步術是非常繁複，而且古代星象推步術本身亦有不少誤差，大多數術數除依曆書保留了太陽（節氣）、太陰（月相）的簡單宮次計算外，漸漸形成根據干支、日月等的各自起例，以起出其他具有不同含義的眾多假想星象及神煞系統。唐宋以後，我國絕大部分術數都主要沿用這一系統，也出現了不少完全脫離真實星象的術數，如《子平術》、《紫微斗數》、《鐵版神數》等。後來就連一些利用真實星辰位置的術數，如《七政四餘術》及選擇法中的《天星選擇》，也已與假想星象及神煞混合而使用了。

隨着古代外國曆（推步）、術數的傳入，如唐代傳入的印度曆法及術數，元代傳入的回回曆等，其中我國占星術便吸收了印度占星術中羅睺星、計都星等而形成四餘星，又通過阿拉伯占星術而吸收了其中來自希臘、巴比倫占星術的黃道十二宮、四大（四元素）學說（地、水、火、風），並與我國傳統的二十八宿、五行說、神煞系統並存而形成《七政四餘術》。此外，一些術數中的北斗星名，不用我國傳統的星名：天樞、天璇、天璣、天權、玉衡、開陽、搖光，而是使用來自印度梵文所譯的：貪狼、巨門、祿存、文曲，廉貞、武曲、破軍等，此明顯是受到唐代從印度傳入的曆法及占星術所影響。如星命術中的《紫微斗數》及堪輿術中的《撼龍經》等文獻中，其星皆用印度譯名。及至清初《時憲曆》，置閏之法則改用西法「定氣」。清代以後的術數，又作過不少的調整。

此外，我國相術中的面相術、手相術，唐宋之際受印度相術影響頗大，至民國初年，又通過翻譯歐西、日本的相術書籍而大量吸收歐西相術的內容，形成了現代我國坊間流行的新式相術。

陰陽學——術數在古代、官方管理及外國的影響

術數在古代社會中一直扮演着一個非常重要的角色，影響層面不單只是某一階層、某一職業、某一年齡的人，而是上自帝王，下至普通百姓，從出生到死亡，不論是生活上的小事如洗髮、出行等，大事如建房、入伙、出兵等，從個人、家族以至國家，從天文、氣象、地理到人事、軍事，從民俗、學術到宗教，都離不開術數的應用。我國最晚在唐代開始，已把以上術數之學，稱作陰陽（學），行術數者稱陰陽人。（敦煌文書、斯四三二七唐《師師漫語話》：「以下說陰陽人謾語話」，此說法後來傳入日本，今日本人稱行術數者為「陰陽師」）。一直到了清末，欽天監中負責陰陽術數的官員中，以及民間術數之士，仍名陰陽生。

古代政府的中欽天監（司天監），除了負責天文、曆法、輿地之外，亦精通其他如星占、選擇、堪輿等術數，除在皇室人員及朝庭中應用外，也定期頒行日書、修定術數，使民間對於天文、日曆用事吉凶及使用其他術數時，有所依從。

我國古代政府對官方及民間陰陽學及陰陽官員，從其內容、人員的選拔、培訓、認證、考核、律法監管等，都有制度。至明清兩代，其制度更為完善、嚴格。

宋代官學之中，課程中已有陰陽學及其考試的內容。（宋徽宗崇寧三年〔一一零四年〕崇寧算學令：「諸學生習……並曆算、三式、天文書。」「諸試……三式即射覆及預占三日陰陽風雨。天文即預

定一月或一季分野災祥，並以依經備草合問為通。」

金代司天臺，從民間「草澤人」（即民間習術數人士）考試選拔：「其試之制，以《宣明曆》試推步，及《婚書》、《地理新書》試合婚、安葬，並《易》筮法，六壬課、三命、五星之術。」（《金史》卷五十一・志第三十二・選舉一）

元代為進一步加強官方陰陽學對民間的影響、管理、控制及培育，除沿襲宋代、金代在司天監掌管陰陽學及中央的官學陰陽學課程之外，更在地方上增設陰陽學課程（《元史・選舉志一》：「世祖至元二十八年夏六月始置諸路陰陽學。」）地方上也設陰陽學教授員，培育及管轄地方陰陽人。（《元史・選舉志一》：「（元仁宗）延祐初，令陰陽人依儒醫例，於路、府、州設教授員，凡陰陽人皆管轄之，而上屬於太史焉。」）自此，民間的陰陽術士（陰陽人），被納入官方的管轄之下。

至明清兩代，陰陽學制度更為完善。中央欽天監掌管陰陽學，明代地方縣設陰陽學正術，各州設陰陽學典術，各縣設陰陽學訓術。陰陽人從地方陰陽學肄業或被選拔出來後，再送到欽天監考試。（《大明會典》卷二二三：「凡天下府州縣舉到陰陽人堪任正術等官者，俱從吏部送（欽天監），考中，送回選用；不中者發回原籍為民，原保官吏治罪。」）清代大致沿用明制，凡陰陽術數之流，悉歸中央欽天監及地方陰陽官員管理、培訓、認證。至今尚有「紹興府陰陽印」、「東光縣陰陽學記」等明代銅印，及某某縣某某之清代陰陽執照等傳世。

清代欽天監漏刻科對官員要求甚為嚴格。《大清會典》「國子監」規定：「凡算學之教，設肄業生。滿洲十有二人，蒙古、漢軍各六人，於各旗官學內考取。漢十有二人，於舉人、貢監生童內考取。附學生二十四人，由欽天監選送。教以天文演算法諸書，五年學業有成，舉人引見以欽天監博士用，貢監生童以天文生補用。」學生在官學肄業、貢監生肄業或考得舉人後，經過了五年對天文、算法、陰陽學的學習，其中精通陰陽術數者，會送往漏刻科。而在欽天監供職的官員，《大清會典則例》「欽天監」規定：「本監官生三年考核一次，術業精通者，保題升用。不及者，停其升轉，再加學習。如能黽勉供職，即予開復。仍不及者，降職一等，再令學習三年，能習熟者，准予開復，仍不能者，黜退。」除定期考核以定其升用降職外，《大清律例》中對陰陽術士不準確的推斷（妄言禍福）是要治罪的。《大清律例・一七八・術七・妄言禍福》：「凡陰陽術士，不許於大小文武官員之家妄言禍福，違者杖一百。其依經推算星命卜課，不在禁限。」大小文武官員延請的陰陽術士，自然是以欽天監漏刻科官員或地方陰陽官員為主。

官方陰陽學制度也影響鄰國如朝鮮、日本、越南等地，一直到了民國時期，鄰國仍然沿用着我國的多種術數。而我國的漢族術數，在古代甚至影響遍及西夏、突厥、吐蕃、阿拉伯、印度、東南亞諸國。

術數研究

術數在我國古代社會雖然影響深遠，「是傳統中國理念中的一門科學，從傳統的陰陽、五行、九宮、八卦、河圖、洛書等觀念作大自然的研究。……傳統中國的天文學、數學、煉丹術等，要到上世紀中葉始受世界學者肯定。可是，術數還未受到應得的注意。術數在傳統中國科技史、思想史，文化史、社會史，甚至軍事史都有一定的影響。……更進一步了解術數，我們將更能了解中國歷史的全貌。」（何丙郁《術數、天文與醫學中國科技史的新視野》，香港城市大學中國文化中心。）

可是術數至今一直不受正統學界所重視，加上術家藏秘自珍，又揚言天機不可洩漏，「（術數）乃吾國科學與哲學融貫而成一種學說，數千年來傳衍嬗變，或隱或現，全賴一二有心人為之繼續維繫，賴以不絕，其中確有學術上研究之價值，非徒癡人說夢，荒誕不經之謂也。其所以至今不能在科學中成立一種地位者，實有數因。蓋古代士大夫階級目醫卜星相為九流之學，多恥道之；而發明諸大師又故為惝恍迷離之辭，以待後人探索；間有一二賢者有所發明，亦秘莫如深，既恐洩天地之秘，復恐譏為旁門左道，始終不肯公開研究，成立一有系統說明之書籍，貽之後世。故居今日而欲研究此種學術，實一極困難之事。」（民國徐樂吾《子平真詮評註》，方重審序）

現存的術數古籍，除極少數是唐、宋、元的版本外，絕大多數是明、清兩代的版本。其內容也主要是明、清兩代流行的術數，唐宋或以前的術數及其書籍，大部分均已失傳，只能從史料記載、出土文獻、敦煌遺書中稍窺一鱗半爪。

術數版本

坊間術數古籍版本，大多是晚清書坊之翻刻本及民國書賈之重排本，其中豕亥魚魯，或任意增刪，往往文意全非，以至不能卒讀。現今不論是術數愛好者，還是民俗、史學、社會、文化、版本等學術研究者，要想得一常見術數書籍的善本、原版，已經非常困難，更遑論如稿本、鈔本、孤本等珍稀版本。在文獻不足及缺乏善本的情況下，要想對術數的源流、理法、及其影響，作全面深入的研究，幾不可能。

有見及此，本叢刊編校小組經多年努力及多方協助，在海內外搜羅了二十世紀六十年代以前漢文為主的術數類善本、珍本、鈔本、孤本、稿本、批校本等數百種，精選出其中最佳版本，分別輯入兩個系列：

一、心一堂術數古籍珍本叢刊

二、心一堂術數古籍整理叢刊

前者以最新數碼（數位）技術清理、修復珍本原本的版面，更正明顯的錯訛，部分善本更以原色彩色精印，務求更勝原本。并以每百多種珍本、一百二十冊為一輯，分輯出版，以饗讀者。

後者延請、稿約有關專家、學者，以善本、珍本等作底本，參以其他版本，古籍進行審定、校勘、注釋，務求打造一最善版本，方便現代人閱讀、理解、研究等之用。

限於編校小組的水平，版本選擇及考證、文字修正、提要內容等方面，恐有疏漏及舛誤之處，懇請方家不吝指正。

心一堂術數古籍 珍本／整理 叢刊編校小組

二零零九年七月序

二零一四年九月第三次修訂

民國貳拾年辛未仲秌錄 毅旦

堪輿奇書

苑麓山人胡煜明藏

挨星口訣

子癸并甲申。貪狼一路行。上元一白

壬卯乙未坤。五位為巨門。上元二黑三碧

酉辛丑艮丙。天星說破軍。下元之七八

乾亥辰巽巳。連戌武曲名。中元四綠

寅午庚丁上。右弼四星臨。下元之九

乾坤艮巽甲庚丙壬寅申巳亥屬陽陽須順轉

子午卯酉乙辛丁癸辰戌丑未屬陰陰還逆排

右圖將本山之星作主裝在向上所謂本山星作主番向逐爻行是也譬如一運子山午向子上貪狼星番到向上午字子屬陰逆挨午貪巽巨卯祿艮文子武乾破酉

輔坤弼是也九星之中廉貞不動所謂廉貞歸中位是也又如二黑運立坤山艮向坤屬陽坤上巨門畨在艮上順挨艮巨子祿乾文酉武坤破午輔巽弼卯貪是也空位忌流神何也譬之貪狼（在午）不可照見字若見支河汊港來去皆凶此乃章仲山先生註辨正補註亦如此挨也為見此口訣缺後四句者余故遜句補入亦遵古例耳

又有大云空云生入尅入為吉生出尅出為凶比和亦吉者何也亦如上元一運中子山午向子上是貪午上是弼法用九宮逆跳子午屬陰逆跳先將山上貪字入中巨到巽祿卯文坤廉子武午破巨輔酉弼乾再將向上弼星入中貪到巽巨卯祿坤文子廉午武艮破酉輔乾第一盤山上飛星是廉屬火第二盤山上飛星是文曲屬水水尅火從外尅入吉第一盤向上飛星是武屬金第二盤向上飛星是廉屬火火尅金亦名尅入大吉再用元運加之以斷每運吉凶此華仁基先生註挨星辨正之說也

坤壬乙巨門從頭出
艮丙辛位位是破軍
巽辰亥盡是武曲位
甲癸申貪狼一路行
子未卯一二祿存到
寅庚丁原來作輔星
乾戌巳文曲廉貞次
午酉丑右弼俱屬九

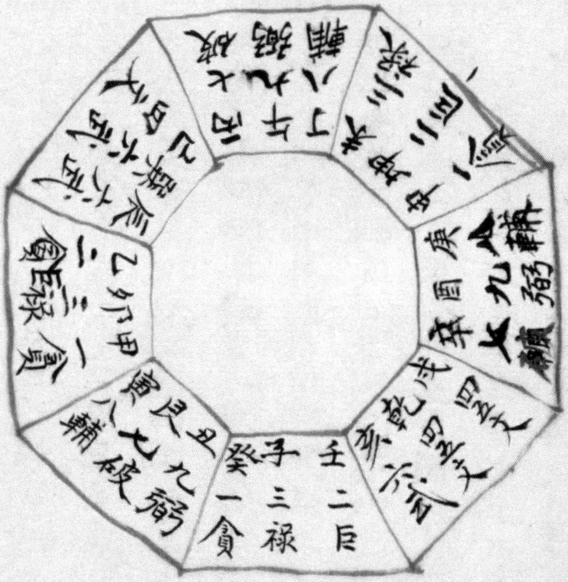

星之所臨氣之所鍾上感下應
化机周流品彙所有調和二儀

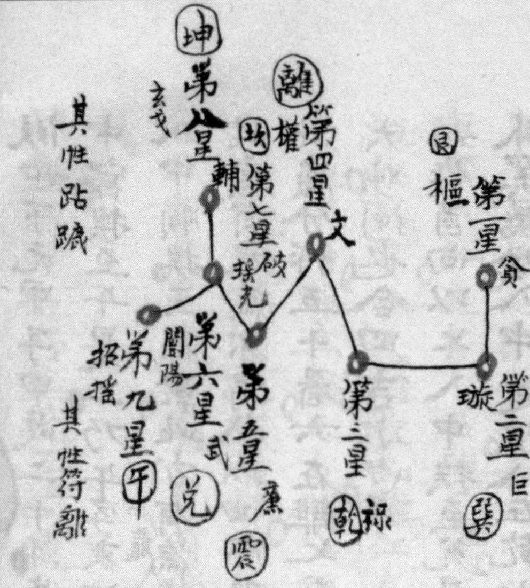

山用順而水用逆蔣註已明水用逆而星仍
用順蔣註未載此青囊之秘訣且青囊之捷
法也
上元山用一二三順用水用九八七逆而成十也
九八七之中有一二三之星故云星仍用順

一運 丑未　　二運 辰戌　　三運 壬丙 丑未 庚甲
四運 丙壬 山辛　　五運 庚甲　　六運 未丑
七運 乾巽 庚甲　　八運 壬丙 辰戌　　九運 丙壬 艮坤 庚甲

此皆山向之星交戰主傷丁敗財

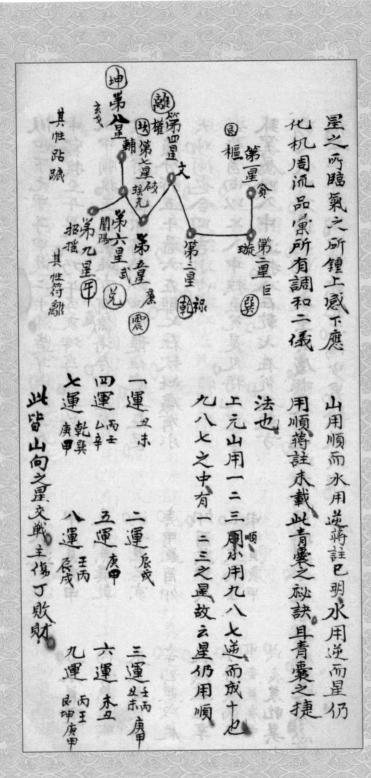

假如下元甲子甲戌二十年造午向以七八中宮挨至午是二乃午字変坤字耳再將二入中順挨三在乾此方有龍為淂令四在兌此處有水為不淂令以四亦龍位也五在艮此處分作五十看六在離七在坎此處有水大妙何也合四吉水也

如作酉向以七入中挨至兌是九將九之中卦箕屬陰入中逆挨八在乾七在兌其乾方謂之伏吟方何也兩次數至其處總是八也此方在淂時得令反能發福一過時令必至禍且死於非命如此艮卦犯之傷少男餘做此推

八運

甲庚兼寅申	丑未兼癸丁
辰戌兼巽乾	丙壬兼巳亥
丙壬兼巳亥	未丑兼艮坤
庚甲兼酉卯	辛乙兼戌辰
卯酉兼甲庚	辰戌兼乙辛
巳亥兼丙壬	午子兼丙壬
申寅兼庚甲	申寅兼庚甲
	戌辰兼乾巽

天驚訣

九宮八卦貴乘時能辨天心穴易知當日景純傳妙訣陰陽顯破萬般奇天根月窟真消息倒地翻天如碁局強把山川來縛住其人不曉此中詞

玄空大卦更玄玄石破天驚不易傳天卦在真真至寶陰陽兩路遞充遷九星變起雌雄異要合天心造化機江左凡師錯解者干支上面細推疑

立極中行各主張五六七八順飛揚排來向上分顛倒調佈中宮妙異常旺然死生天卦辨陰陽順逆細推詳五行亦在干支上在得天心各換方

名非有定星隨氣變　山用順而水用逆水用逆而星用順在山山上起在水水上起

地盤總順將所葬之年何運入中順飛星到向上得何星卦看何山向上陰陽而定陽順

陰逆即向上之星入中飛去為天盤準用地盤上飛五黃到向五黃無位將向上陰陽為順逆五黃入中當令乘時伏吟不忌反吟不忌

如六白運用乾山巽向即順局為伏吟六白運用戌辰即逆局為反吟註一白在一宮為伏吟一白在九紫宮為反吟

中黃二十年辰戌丑未寄在乾坤艮巽內上中十年旺丑戌下中十年旺辰未又遇丑戌年有水旺上中二年辰戌遇辰未年下中即旺六白運坎水為催官水有離峯力加十培下元九紫運有巽水為四九為友巽水又旺又有乾峯力加十培無峯少力八宮同有此水無風即無氣有財無丁矣

甲庚丙壬寅申巳亥乾坤艮巽屬陽順排

乙辛丁癸子午卯酉辰戌丑未屬陰逆挨

壬山丙向一白運內用癸山丁向子山午向一白運內用

起順

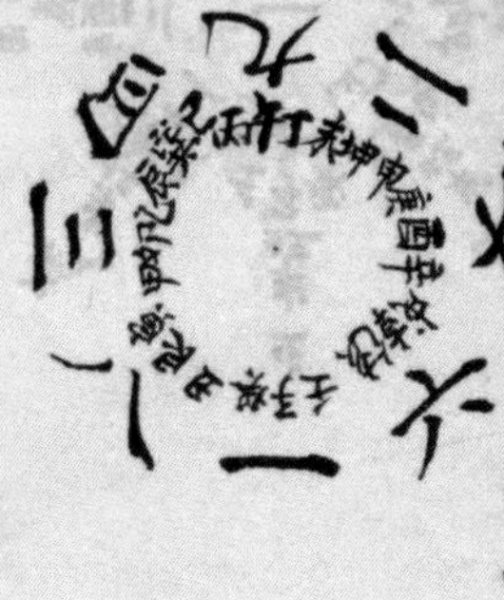

起逆

一白運（起二）內三四五六七八九止用排山掌訣又用歸本位九紫起[illegible]一白逆行到坎止

生數運星入中為正神　成数零星入中

五黄前用一二三四星順排六七八九星要逆佈

此成数正神　生數即作零神矣

五黄後須用六七八九星順飛一二三四五要逆佈

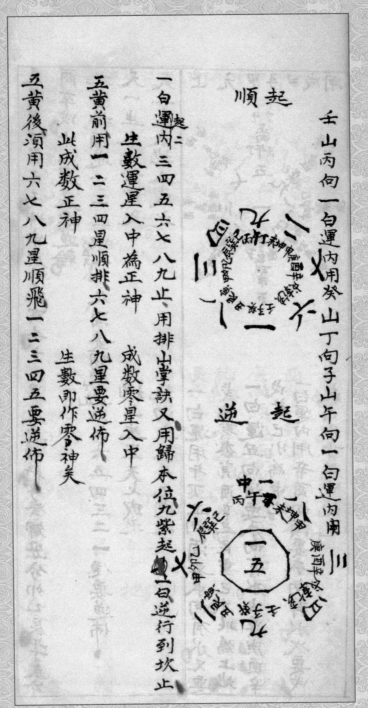

艮寅甲兮巽巳丙坤申庚兮乾亥壬十二星辰要順行子癸卯丑兮卯乙辰午丁未兮
酉辛戌十二星辰要逆輪
九宮排順逆一二三四七(五六)八九須要順飛星九八七六五四三二一便要逆佈
天一生水地六成之　地二生火天七成之
天三生木地八成之　地四生金天九成之

上元甲子甲戌用

一白運用午丁正向須要本向有水又要戌乾亥癸寅酉辛丑艮寅巳水此為上地
一白運丑向須要本向有水次要庚酉辛戌乾巳水為中地
一白運內用辛酉向須要本向有水次要戌乾巳水亦為中地也

上元甲申甲午用

上元甲辰甲寅用

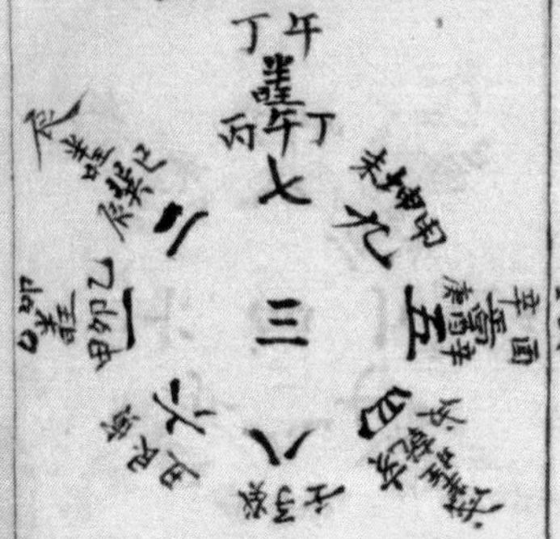

二黑運內用丑為正向須要本向有水又要庚酉辛戌乾巳甲卯乙之水是為上吉地
庚向須要本向水又要戌乾巳甲卯乙坤有水為中吉地
乾向須要本向有水又要辰巽巳甲卯乙坤艮水亦為中吉地

三碧運內用酉辛正向須要本向有水又要戌乾巳甲卯乙之水此為上吉地
戌向須要本向有水又要辰巽巳甲卯乙未坤申之水為中吉
辰向要本向有水又要甲卯乙坤申之水亦為吉地也

中元甲子甲戌用

中元甲申十年
丑戌為正局
午丁酉辛癸
甲午十年
辰未正向
卯乙子癸次之

四祿運內用戌為正向須要本向有水又要巽巳甲卯乙未坤申之水此為上吉
巳向本向要水又要甲卯乙未坤申壬子癸之水是為吉地
甲向要本向水又要未坤申壬子癸之水亦為中吉
戌向〻上要水又要辰巽巳甲卯乙未坤申之水若見辰戌丑未之水是五黃格此為三元不敗之地
辰向用辰巽巳甲卯乙未坤申壬子癸之水
丑向用本向水酉戌辰之水
未向用本向水子午艮四宮之水

中元甲辰甲寅用

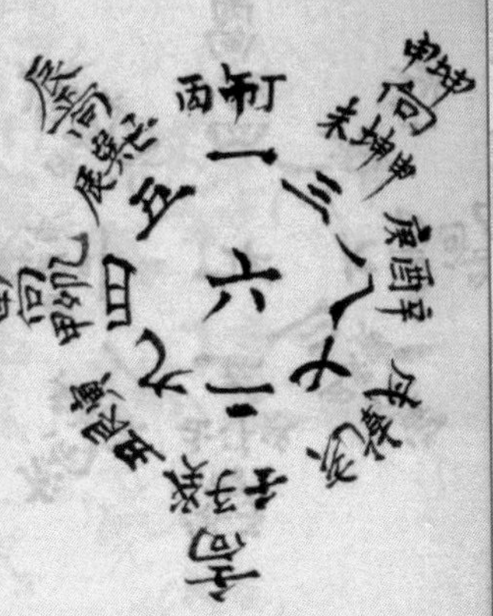

下元甲子甲戌用

六白運內用辰為正向要本向水又要甲卯乙未坤申壬子癸之水此為上吉
甲向要本向水未坤申壬子癸之水是為中吉
坤申向本向水又要壬子癸丙午丁丑艮寅亦為中吉

七赤運內用卯乙正向要本向水又要未坤申壬子癸丙午丁辰巽巳之水此為上吉
未向要本向又要壬子癸丙午丁丑艮寅之水為中吉
子癸向要本向水又要丙午丁丑艮寅庚酉辛之水亦為中吉

下元甲申甲午用

下元甲辰甲寅用

八白運內用未正向要本向水又要壬子癸
丙午丁丑艮寅之水此爲上吉
壬向要本向水又要丙午丁丑艮寅庚酉辛之水爲中吉
午丁向要向上水又要丑艮寅庚酉辛戌乾亥
之水亦爲中吉

九紫運內用子癸正向向上要有水又要丙午丁
丑艮寅庚酉辛之水此爲上吉地
丙向向上要水又要丑艮寅庚酉辛戌乾亥
之水是爲中吉
庚向向上有水又要戌乾亥之水亦爲中吉地矣

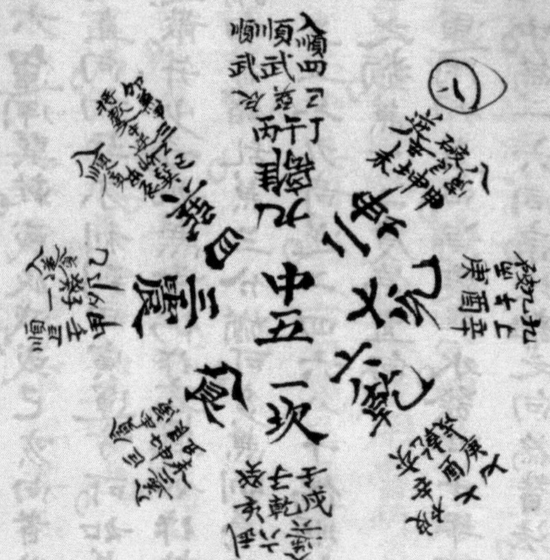

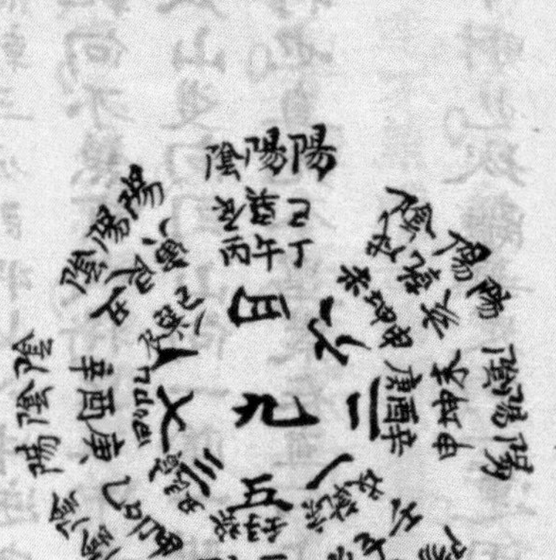

丁山癸向

陰陽妙處全須逆

向用逆挨

八三四
一五九
六七二

山用順挨

一六五
八四九
三二七

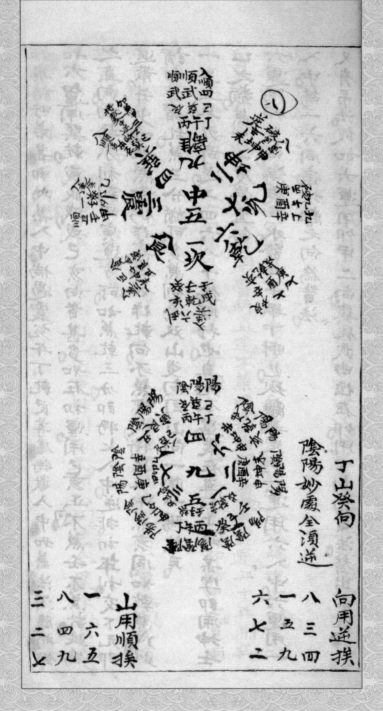

如輿語呼若某即將某入中倘遇震兌午丁乾艮等處將數入中如兼法須隨時假
如六運用巽乾或辰戌或巳亥向者甚多如在初運用巳亥正向不兼壬不兼乾此為
之直向初年不利到甲寅運方可如兼乾三分即將七入中逆排初年利交下元即
退散并少丁如兼壬仍作亥算如作乾向不兼亥戌將七入中兼亥同如乾兼戌此
謂向首錯乱兼三分猶可多兼則為双山進向曰山向一陰一陽故耳
一三五七九奇逆二四六八十偶順行也直元令星裝在直向上呼某字即用坤壬
乙之類兼一二度為直向
六運用卯直向渴震巽水發四十年丁財也坎離無定向一運用六入中六運用一
入中為一六同宗坎離之向為替法
又有吊法假如六運用卯甲二向巽辰武曲位在卯用丁向為替法替出共字

坎離二宮作向與他卦不同假如六運用一入中逆令星在向順子癸向令星在山
此為用生成法也
上元一二二不歸中中元四綠不歸中五黃運南北八神共一卦之時坤壬乙艮丙
辛巽辰亥甲癸申不歸中皆用當時直達不兼用若兼歸中算五黃運上十年用巽
下十年分算用辰亥六白運巽辰亥艮丙辛向上不歸中直用兼用即歸中也兼用
者補救也
六白運用辰斗柄指辰向辰則吉元元有五位歸中即打結法也然六運辰向只有
四吉倘雜丙水兼翕而為五吉也
江東一卦起於東八神之中得其三何也三運排到三上卯乙向三令星在向一二
退四五六別元可得也

江西一卦起於西七運用酉辛向得七八星為八神五六退九入中南北八神五歸中皇極包函三卦皆可用也非是東西二卦只有一二七運用庚甲向五歸中即南北八神共一卦也五運用打結用五位歸中皆共一卦也

一白運用午丁向離丁未坤水取八白左輔為五吉下倣此為天元六白運用辰向離巳丙水即人元兼貪巳丙宜向天門上辰為天門向辰則無貪為五吉

五運用乾向離亥壬水兼（貪）為五吉

山上龍神不下水水裡龍神不上山山管人丁水管財祿山龍排山為主平陽排水為主（山落平洋）山中有水即用向上排水平陽有山即用山上排山故山上令星要放在山名曰山管人丁不可放在水裡（低一寸即為水）在水裡則傷丁敗財故曰山上龍神不可下水也

水上令星要放在水裡名曰水主財祿不可放在山在山上則傷丁敗財故曰水裡

龍神不上山也此山水二局皆合大地也

收山出煞者兩般夾出水將令星安在三义口倘一般单水令星不可放左水口要放在浜底來處為出煞

生入尅入生出尅出以中宮向上來口去口論之令煞二星五行以先後天八卦算入中再由令星入中假如六運六入中必絕也用一白最久發至中元凶星在旺水上又逢戊己年太歲五黃到大凶（甲常不忌）若在敗水上更凶如吉星在吉水上逢流年太歲吉星更吉用玄空三合六合對冲流年生年算坤流直射或在來水財傷人丁在去口上灣抱女人多疾在向上必傷人丁

玄空星向分先後假如一運用癸甲申亥向九運先用癸二運用申一運一中在癸左申一用六壬向一運有一个六在内艮丙辛六運先用辛亥向

城門訣

水之交會處要及時及令之星即為生入一股水出口要一出六六出一六白運中來水之源用六去水之處用一排之浜為來源六白運辛乙兼戌辰一入中逆佈丁山癸向五入中逆佈

上元用成數入中逆佈到向上再將向上星入中或順或逆倘五黃到滙水口又戊己年應凶下元用生數入中逆佈一二三四五為生數六七八九十為成數五黃運用十即五十中

生數奇數逆佈前兼龍神前兼向即得時得令之龍神聯珠不相放山向合時合運也

成數耦數順行山向反吟伏吟再遇年月反吟伏吟必凶矣

打結法當元卦運不入中反從向上星辰乃坤壬乙用法卦當令可用

天心十道法假如向上天星三碧偶遇山上重起星輪佈到向上是七赤星為十道
或八方合十為格
四吉卦用逆陰要生水局向
四凶卦用陽順要殺水局向
陰陽相乘上元六七八九水倘六七八九到水上為陰見陰凶若一二三四星到六
七八九水上為陰水見陽星此是陰陽相和吉或五黃星到向或到山或到水口若
逢戊己年應凶戊年為陽干陽支己年在陰干陰支故應凶也
子午卯酉向用乾坤艮巽水口或乾坤艮巽向亦用乾坤艮巽水口更有乾坤艮巽
向用兼甲丙庚壬乙辛丁癸為兼雜局又云子癸為不雜或兼壬或兼亥丑或乾亥
兼壬或子癸兼丑為五行位中出一位貪狼原是發來遲坐向穴中人不知向首有

七三三七五五
六四八二一九
二八四六九一

貪狼坐山有貪狼穴中有貪狼

驗法

六下七二八三九四一六二七三八四九五十流年紫白法假如上元甲子起坎一宮一白入中乙丑年九紫入中逆排六十年中元甲子起四綠逆排六十年下元甲子起七赤逆排六十年與日月時飛紫白能同到向與本卦相生比和吉相剋則凶亦要看時乘旺不可失時相剋則大凶矣

辛山乙向兼戌辰六白運用一八中逆甲乙卯辰巽巳小水丙午丁大水口乾峯星飛爲九

地盤順天盤順爲貴局地盤逆天盤逆倘遇之比皆貴

向上起星佈到水口上山上之星亦佈到水口上若然二行合星雙到水口發最速

山上龍神不下水者坐山天星入中佈八方見山得氣星吉氣星見水凶橋墩屋高處得見用水星天機安內得其所為內山向水土

兼向法陽字奇兼一度三度陰向為耦兼二度四度兼輔兼會貪者非兼內用也是兼山收氣兼水出位之用也假如未坤水立乾巽向移後步乃未坤申水变丁未坤水為下元兼通上元之用也

挨星訣

左為陽子癸至亥壬右為陰午丁至巳丙此屬口訣五四起五入起

每一卦分三元法每一字管三十年甲巳未癸下之上卯巽坤壬下之中乙辰申子下之下午巽乾丑上之上丙酉戌艮上之中丁庚亥寅上之下

上元一白二黑三碧各運中甲癸申坤壬乙一二三不要入中中元四綠六白運中巽

辰亥四亥八不要入中下元七赤八白九紫運中艮丙辛七八九不要入中

三星五吉不同註三星言龍作五吉言卦氣伍相得而各有合謂之五吉也

下元未上元初可用申庚向故曰後凋中元初寅甲可兼用故曰先榮

寅坤申艮御門闢註闢者兼通他卦也

取得輔星成五吉註輔星不在天元宮之中水又不在天元宮之山上正在天元宮最親最近之水中

脉取貪狼護正龍註此謂兼取坎氣入穴以收上元之旺氣交八九運中元運短促也

六白運內換星接氣訣

庚山甲向有坤水可用戌山辰向有卯水見可用艮山坤向有坎水見可用寅申同上

午山子向有坤水見用丁山癸向同上丙山壬向有午水可用

註一個星神一節龍一代風光一節龍以定世代遠近之應此龍神非來龍之龍神是元運流動之龍神也

流年紫白歌法

上元甲子起貪狼中元甲子起四綠下元甲子起七赤是也如乾隆九年中元四綠十九年三碧廿九二黑卅九一白

先九紫　五九八白　嘉慶九年交七赤[illegible]十九六白　道光三年五黃　十三四綠　廿三二黑

子午卯酉正八月　寅申巳亥正月二

辰戌丑未正月五

易曰數往者順知來者逆

掌訣

六　七元下　八　九

中

四元中　三　二　一元上

山

水

	貪	巨	祿	文	廉	武	破	輔	弼
中宮	一一（順逆）	二二	三三	四四	五五	六六	七七	八八	九九
乾	二九	三一	四二	五三	六四	七五	八六	九七	一八
兌	三八	四九	五一	六二	七三	八四	九五	一六	二七

換星圖

艮	四七	五八	六九	七一	八二	九三	一四	二五	三六
離	五六	六七	七八	八九	九一	一二	二三	三四	四五
坎	六五	七六	八七	九八	一九	二一	三二	四三	五四
坤	七六	八七	九八	一九	二一	三二	四三	五四	六五
震	八七	九八	一九	二六	三七	四八	五九	六五	七六
巽	九八	一九	二四	三五	四六	五七	六五	七九	八七

口授換星訣

坤壬乙未巨門出艮丙辛酉是破軍巽辰亥乾戌巳盡是武曲對甲癸申子貪狼一列行庚午丁同寅起弼星

古經與語云坤壬乙文曲從頭出艮丙辛位位屬廉貞破軍巽庚癸武曲從頭起乾甲丁

貪狼一路行此不重星而重水火木金不過借九星之名顯五行之性水司六位分布四方而成三合雙山者也今此與語是後之君子易其歌訣以成三元之正運為陰陽之綱紀本是河圖坎一坤二震三巽四（分爲上元）中五乾六兌（分爲中元）七艮八離九分為下元以上元甲子坎宮求中元甲子四綠順行流下元甲子起于兌是也蓋坎湧數之一也五行之首水也斗之魁貪狼也領坤震巽四干二支共主宰乎上元運子正運五運生旺之氣即分巳之子壬而入于坤引坤之子申震之子甲而歸震巳同屬貪狼故上元立揆星局以子癸甲申起貪狼位其坤末鳩合震三而受壬震之子卯乙同屬巨门循環紐貪共理上元旺衰之事也中元四綠中黃及乾六掌中元甲子正運五行生旺之氣於是用乾之武曲為巽之對待故中元立揆星局而以乾巽六位起武曲以廉貞鎮守中黃維天立極御制四

方利於建制都宮陵寢則威揚八表召其歲福若非此而下者必罹其隱慎之
下元兑七主事統艮八離九主宰下元甲子正運五行生旺之氣而兑分巳之子庚
寄於離引離之子丙艮之子丑同屬破軍而離得兑之子庚艮之子寅同屬右弼司
下元之代謝故下元立挨星局以兑辛丑艮丙起破軍以午丁庚寅起右弼也
巳上三局惟中元乾巽挨星正卦干支不相假借者何也曰中五廉貞間於其中也
又上元之祿存中元之文曲下元之左輔未能班序於總圖此非隱謎作者之而有
天地自然之理也然以九數分三如敘一家骨肉而分統三元正運生死旺衰之氣
而坎一又為三元之綱紀九星之首領中下兩元亦不得置之勿論也其離九又為
首領陰陽之對待收攝元運之化機故得離九生旺之氣皆有三元不敗之妙義也

楊公玄空大卦分位訣

坎巽離乾二長三艮坤兌卦順迴環震宮只用逆取行三二一分逐位傾

二父母卦用

子午卯酉乾坤艮巽為父母天元卦也甲丙庚壬辰戌丑未為地元卦乃父母卦之逆子也

乙辛丁癸寅申巳亥為人元卦是實父母卦順子也父母卦與順子一卦右轉惟逆子一卦左轉此所謂兼後兼三卦二父母之用也

星訣

一用六二用七三用八四用九令星皆在坎離二向看順撥去九用四八用三七用二六用一四用九假如六運用一入中逆佈丙向順佈子癸向

陽宅真訣

陽宅龍穴與陰宅無異但穴情宜寬大可居山必論龍平陽須得水兩者相得為上全美居山而無龍平陽不得水丁財不旺即旺亦暫時耳時師每舍論未多以偽訣斷人家禍福偶有一中驚以為神而不知奸狡窺伺術非一端即使果驗不過一術終非明理之言也觀覽陽宅諸書論說不一俚鄙者甚多惟思山之言近理可信然亦然末參差瑕瑜雜出是以博採諸書正其可否定其是非略序數篇明其大義以便明者有所採擇焉

論目

一論局二論宅三論元運四論屋運五論生命六論流年合而觀之以卜一宅之興衰係明重在形勢細看救星勿執一非以廢衆論斯可耳

分局

分局之法依水則照前法分之無水及水遠不接之處即為無局在城市中則以街路分之如或四圍皆屋中有一片空地則以空地分之空則氣通通則有衰有旺故其分局一如小法若屋小而傍近高屋如樓臺殿宮之類則以回光反照之法分之反照之說即反風洄流之義也鄉間居宅不傍水即傍街路分之或前後左右有低田分之有坵埠則以坵埠分之在山中則以溪澗分之或以山崗山凹分之其分局之法其局之變與不變總與水法無二有一宅而止一局者有一宅而兼數局者有直來（一宅定前後左右四正四隅各有分局者辨之不可不清也）（凡依水法分水宜有情不宜直來）直射不宜盪胸潑面反跳斜飛俱不可取宜活用之亦可添亦可剪水不必合此吊法添剪小之法而專言分局也街巷道路其理相通直射斜沖總為帶煞居之不宜佛塔牌坊宜遠宜避晨鐘暮鼓少吉多凶總言合元猶可退元無咄類矣而術者漫云

補救不亦難乎。

論宅

局以定矣，而後可以論宅。立宅宜與局相生比和，勿與局相尅。或朝水，或坐水，或倚水，如作平陽之法。水來宜朝，水去宜坐，環遶可倚。四正之局宜立西正之宅，四隅之局宜立四隅之宅，取其陰陽純一，而無駁雜之病也。或有正隅同用者，如一六、二七、三八、四九，用先天一生一成之義，聲應氣求，兩美並濟，外此則非所宜矣。宅無大小，統之則為一局。宅之大者，一宅之中又分九局，依山傍水，坐山朝向，宜合時令，高低層進，零正閒數，制化須瀉其宜。王侯之宅最大者也，九局之中又分九局，共成八十一局，如八陣之例，局局有正有變，此中有轉移之法。蓋以大局為主，小局附之，則又不可概以純論也。又或屋低小橫，一進二進，無天井側廂者，不能蓄氣，不可以定論必三進四進有天井側廂則氣往流通方可論定定有大局鄉間少大宅有一小村團聚一處者間雖各別作一局論而各多其生尅往衰若另散不紀東西各別則不可以一局論也術者以東四西四分八宅而以九星分吉凶其是強合無驗且術家甚重三合陰陽二宅莫不由之若依法而推則坎之長生在坤申而八宅何以為之絕命坎之墓庫在巽而八宅何以反謂之生氣離之墓絕在乾而八宅何以反謂之禍害即此二宅之言從山從向無一不背術者亦該自知謬矣而復巧為番八卦接續之說以救八宅之窮殊不知門上起卦此但可論門不可論宅蓋有定而後有門非有門而後有定本已失矣而術家猶自誇其法之變通不亦惑哉

論進

凡屋橫列一進作幾間當依圖水火金木土生成之數亦以局論其生旺尅以為制

化如一進作三間屬木於坎局則局生屋於艮局為屋尅局一進五間屬土於坎局為屋尅向於兌局為屋生局一進作乂間屬火於坎局為局尅屋於震局為局生屋論定亦同局宅不和則以間数化之可吉利也

凡屋有正有零正屋以宅星為主而順逆從頭数之盖宅有九宮而一進則論橫列可也坐乾艮坎震為陽宅在內朝外從左邊第一間数至右坐巽離坤兌為陰宅在內朝外從右第一間数至左如坎宅一白為主則朝外從左手第一間数一白第二間二黑第三間三碧離宅以九紫為主則右手第一間数九紫起第二間一白第三間二黑其餘倣此每進另数不可接連盖一宅一太極也而一進有一進之太極一間有一間之太極無混亂相連之理也零屋先以正屋宅星為主後論其坐宮之生尅衰旺再以某方論着某星看某星所屬再論其生尅制化如坎宅以一白為主入

中宮排至二黑煞到乾方乾金本一白之恩主能洩坤土之氣二黑為坤二為老陰此方零屋宅母居之有災以其本身為煞而反被乾洩殃不及人必至自受若問坐東向西作三間一進屋屬木四綠在中間四為文昌星作書房大利若問坐西向東作四間一進屋屬金宜作倉庫三碧洩氣到兌受尅三為震震為長子長子居之不利當作六間以化之坐西為金間數為水相生則吉四綠到艮艮為土煞木来制之雖洩無害倘遇流年五黃土煞到此大凶此方宜安靜六事俱忌非寺院官衙切不可於此方開門主傷宅長及仲子蓋坎為宅星坎為中男故也六白生氣来守元神長者居之延年益壽丁財兩盛七赤生到坤坤為土煞化而為恩居之大利八白煞星到震少子居之有災與二黑到乾同斷九紫財氣到巽受生氣中女居之大利凡八局之零屋其坐向與間數如上元乾宮之例取其相生制化而矣

数法從屋不從局如在火局兌之方而作震屋則以三碧数起如在火局之震方而
作兌屋則從七赤数起所云物物一太極也而不相借者也以此推之則每進之主星
可定而間数之主星亦可定也

論間

間数既定即以間数所値之屋星為主以論九宮飛星論其旺衰死以為開門安床
六事之用如坐北向南坎屋一白為主從左手数起第一間為一白一白為魁星
又為貪狼與屋比和大吉即看一白坎局二黒在乾三碧到兌四綠到艮五黄到離六
到坎七到坤八到震九到巽各方開門安床作灶等六事須要看元運生旺人命宜
忌乃進退而後用之如坎宅第一間一白数至第五間五黄大凶又為屋之煞凶
不可當此間斷不可以作房當有孤寡癆瘵之病水命人居之其應更速遇流年二

里來併必死其餘八宮俱依此法推之可也

元運

三元大運每宮六十年三宮共一百八十年而為一大元三元共五百四十年而一週小運每宮旺二十年三宮共六十年而一週目下大運下元七赤當運小運上元三碧當運大運看都會小運看村落民閭陰陽兩宅俱用之故陽宅於本宮為主亦二十年易一運一百八十年而一週其所易之運視本宮之生尅吽煞坐旺有化無化為之吉凶蓋陰陽之數火生於坎中故龍運自一而行至九水在於離中故水運自九逆行之一陽一升陰一降陽再升陰再降故龍水之運兩兩相配而成合十以用焉無他視水而立局局合水合自無不旺者也至於歲運則視憲書之所載何宮值年月年月之生尅制化以後修方造作之宜忌亦可渴而悉矣時雍正甲寅年作此說

論屋運

屋運坐山為主次看層數再看間數又零數只宜相生不宜相尅凡層數間數零數俱以河圖水火木金土之序數也假如坎宅以水為主正屋三進三屬木每進三間又屋不正側共十七間十屬土七屬數屬火初運以坎山當事行運十年屬水山生屋居之吉次以層數當事三屬木每層十年行運共三十年俱吉次以間數當事行運十年十屬土尅山大凶爲木所制其凶減半平平再以零數當事行運十年七間屬火為水火既大濟吉共計六十年週而復始再以水運行之坎宅不宜作五間五進五屬土居屋之丁財兩損再以流年主命六事參之方準餘以類推又如離宅以火為主正屋宜作五層五屬土每進五間亦屬土或七間屬火共計正側屋七十五間七十屬火五間屬土行運無不生旺自然有吉無凶矣或作七間三進為木火相生亦吉又如震巽二宅以木為主不宜作五進五間五屬土受尅凶宜作七間三進而木

火相生吉若作三門三進木太強不利主人宜開門以剋之或金命人居之反吉又如乾兌宅以金為主不宜作三間三進為金木相戰凶宜作五間五進或六進居之興旺又如坤艮二宅以土為主不宜作三間三進宜五進四進七間九間以上八宅畧舉一二以為例數此推之隨時在地隨人布置之務要相生勿使相背斯可矣如有不合式者待行運到時或添設一進或添設側屋零數以為救法可以化凶轉吉矣

起運

凡屋之起運以入宅之年為始空屋無命運如居之已久而行到敗運者當作修作以振動之則從本宅重新起運照新屋行運算而昔敗運已截住不行矣如宅仍舊而遇新主居之則又從本山從新運算起不可以旧屋論之起運照前此推屋運之法也此為一時有時之太極一年有一年之太極一日有一日之太極

主命論

主命者主人之生年納音也如甲子乙丑納音海中金也要宅與屋運與流年相生為吉假如坎宅坎局屬水生年納音水命人居之比和吉金命人居之亦吉木命人居之為之生氣大吉火命人居之敗絕土命人居之瘟癀其餘做此推之如火命人居木宅應凶如遇行木運十年反吉以宅生運〻生命也如遇三進三間居之又吉以宅生屋屋生命也如居坎宅側屋三碧四綠方或九紫方亦吉以方位之相生助也流年亦然反此凶矣

流年論

流年之亦有九宮也人事駁雜多因於此逢吉則吉逢凶則凶可作救星可作忌星凶忌宜靜吉救宜動古人云凶星不動不覩凶吉星不動不見吉正謂此也假如乂

赤流年入中當事即將七赤從第一閒類起如坎宅五閒從左手第一閒起一白第二二黑第三三碧第四四綠第五五黃為土煞此是坐閒之星也再將流年七赤如坎屋左第一閒数起七赤金生水一白水吉第二閒八白與二黑比和平平第三閒與九紫火相生吉第四閒與一白水為魁星生四綠木為文奎相會大吉第五閒二黑土煞與五黃煞為助殺大凶凶者宜靜吉者宜動餘者做此又如四綠閒本在坤方宜開四綠文昌门路以此推之可知動方宜開门路反其相生相吉而已又如火命人而居水閒流年木星加之則為救木命人居之水閒流年土星加之為忌宜動之閒路亦以剋法而推大要局星為主局旺則有權為吉雖有小疵亦無害也局衰則無力以制凶局雖有吉星加臨無益於事陽宅之論大畧如此法在變通亦可補救非徒空言者比也

坤（二黑 土）　兌（七赤 金）　乾（六白 金）

離（九紫 火）　中（五黃）　坎（一白 水）

巽（四綠 木）　震（三碧 木）　艮（八白 土）

此九宮八卦之定位也以水分局以向定定以元運之定吉凶凡作開门修方出路俱準此推其生剋制化而後用之可也

上元一白坎局

在水之北則為坎局以本局之方位生尅視前圖之挨星生尅而後用之二黑五黄八白俱屬土尅入為煞二黑到乾乾金本生入洩土之氣其凶減半五黄到離火生土其凶加培八白到震見木受尅其凶減半六白七赤俱屬金為生氣六白到坎為守元神不為洩氣大吉七赤到坤坤為土係本局之煞方見金而生大吉艮土為殺方見木制而無害九紫為財到巽而受生三碧為洩到兌而受制俱作吉論後八宅皆依此而推耳

七 生見生大吉	三 洩見杀	二 杀見洩
五 杀見生凶	一	六 生氣大吉
九 財見生吉	八 杀見杀	四 洩見財

此局以向南作坎宅〻與局同若參差〻爾亦好

以向北作離宅則兼九紫局看（吉）為水火既濟吉如向東作兌宅則兼七赤看宅生局向西作震宅則兼三碧局看局生宅吉

上元二黑坤局

東北有水為二黑坤局其生尅制化照前法推之凡二黑五黃為凶星其所到之方六事不宜如五黃到坤二黑入中宮則為黃助黑其凶加倍

一 剋見 殺	六 淺見 殺	八 旺見 旺
九 生見 生	二	四 殺見 殺
五 旺見 旺	七 淺見 殺	三 殺見 殺

此局三碧四綠為奇而受剋於乾兌之宅則殺不留五不紓局
然兌乾六為生氣方為殺三碧木坐生復生見化殺為是吉必加倍

上元三碧震局

正外之東則為三碧震局一白為生氣到震宮為守元神大吉兌為煞方五黃生之六白為煞到艮被生俱大凶餘宮俱可以制化之

二 財見 殺	七 殺見 殺	九 淺見 淺
一 生見 大吉	三	五 財見 淺
六 殺見 生	八 財見 財	四 旺見 殺

此局北向西作震宅之方局同不易看以作兌宅當兼七赤坐看宅尅局平作坎宅當兼一白局看宅生局吉作離宅當兼九紫局看局生宅吉

中元四綠巽局

西北有小水四綠巽局五黃到乾助殺六白殺臨殺位七赤殺裝艮土為受生大凶不可犯三碧到巽為旺臨旺位如黑到坎為水火既濟上吉一白八白次之

三旺見旺	八財見生	一生見衰
二財見衰	四	六衰見衰
七殺見生凶	九洩見生	五財見洩

此局向西北作巽宅宅與局同若分看向東南作乾宅者當兼六白局看定越局平平作坤宅當兼二黑局看作艮宅當兼八白局看為局定平平

中元五黃比

四面有水或四面街巷或四面溝田則為中宮五黃局作何宅當作何局看看其總佈其八面近水則兼八局看或一边水近諸方水遠者當以近水一边論或諸方水小些一方水大者則龍水大一方論此看地局之大要也

四衰	九生衰	二旺
三煞	五	七洩
八旺	一財	六洩

此水近南边則為坎局近北边則為離局近乾坤艮巽水或街路低田則為乾坤艮巽局定同總在作者隨時變通之耳

中元六白乾局

東南有水，為六白九紫（乾局）煞。西一白臨之，為子殺父。書：九紫臨艮，艮為生氣，火生土，土生金，為業，原子殺杖。為凶，不以矣。八白到兌為生氣，七赤到乾為旺，宜作門路。東四綠到震為財旺，坤表三碧到坤為傷，生氣平平耳。

五 旺見 煞作	一 洩見 財	三 財見 財
四 財見 財	六	八 生氣見 洩
九 煞見 洩	二 生見 財	七 旺見 旺

此局如向（赤）南作乾宅，不必分看。如作巽宅，當與四綠局看。若局兌宅平平。作艮宅當與八白局看，作坤宅當二黑局看，俱為宅生局吉也。

下元七赤兌局

在水之西，則為七赤兌局。二黑雖凶，有紫生之，亦可化凶為吉。九紫到殺入本宮，大凶。三碧則臨生地，八白六白助吉，餘平平。

六 旺	二 旺見 生	四 財見 財
五 生見 衰	七	九 煞見 財
一 洩見 煞	三 財見 生	八 生見 洩

此局向東南作兌宅不易看。如向西作震宅，看此局為剋。宅如（作）離宅，則為宅剋局。作坎宅，財為白宅看，局生宅吉。

下元八白艮局

西南有水例為下元艮局三碧四綠俱為煞三碧到離離方為本局之生氣木生火生土化木為煞吉四綠到坎為殺隨生聖其以加境九紫到乾吉六白到震七赤到巽俱以制煞吉黃星離臨旺地四不可吉斷也

五 旺	一 財見 生	九 生見 旺
三 殺見 淺	八	四 殺見 生
七 淺見 財	六 淺見 財	二 旺

此局水向西南作艮宅不吉看作坤宅當旺二黑看局宅並吉作乾宅當旺六白看局生宅吉作巽宅宅尅局平平

下元九紫離局

坐水之南例為九紫離局四綠到離為生氣守本宮元神大吉三碧到艮亦吉六白到坤為財殺生地吉一白到乾殺殺生地大凶七赤到震為財福生氣平平

六 財見 生	二 淺見 淺	一 殺見 生
四 生煞 大吉	九	五 淺見 財
八 淺見 赤	七 財見 財	三 生見 財

此局水向北作離宅之與局為水火既濟吉作震宅宅生局吉作兌宅局尅宅平平

陽宅得一訣

如坎宅屬水忌火土是五間八間二間九間喜一間三四間六七間也或一宅五進爲宅尅局不吉或三進六進則吉算法即將元運某星入中佈九宮得一三四六七方宜安康若二黑方安康主多病五主耗財少丁若病多蠱疾八主小口難養多生外症再將年星入中若遇伏反二吟斷其吉凶無差矣坎宅洛書屬水忌火土火土即二五八九進數亦忌假如第一進屬水二土三木四金五土餘倣此推一二三四五間數同前算將運星入中佈九宮如一進又如下元甲子五間從左手第一間起一白第二間二黑坤三震四巽五黃土再將流年入中又如下元甲子七赤即將七赤加於左手第一間第二間八白餘倣此

先天卦圖

乾首馬坤腹牛震足龍坎耳豕離目雉艮手狗兌口羊巽股雞

乾父坤母震長男巽長女坎中男離中女艮次男兌次女

子午卯酉乙辛丁癸 双陰

乾坤艮巽寅申巳亥 双陽

甲丙庚壬 单陽

辰戌丑未 单陰

向上之星。得生旺為要。故曰向首一星災福柄。向上無水不苟遇。或有水聚者。或見水光者。或合三叉者。此謂之玄關。又謂之城門。此處不可不以令星制之。故地之吉凶。全在此分之。

生入尅入。生出尅出。大（所謂水得本元之水向得本元之向向上可兩祁水上可兩祁）約挨生旺之氣到向水上。謂之生入。挨衰死之氣到向水上即謂之尅入山向乃穴之主書云生入名為旺子孫高官盡富貴腦吉凶從此而出陰陽順逆從此而起上元之正神即下元零神下元之正神即上元之零神零正無定互時運行而升降者也當元者為旺未來者為生方去蓋以卦內生旺之位為正神以出卦衰敗之位為零神陰陽交媾全在零正二字者為衰過去已久者為死陽水陰山相配合者將生旺之氣裝在水上衰死之氣挨在山上總在作者互相關涉品配為用水涓陽山涓陰山得陽水得陰此真配合也即山上龍神在山水裡龍神在水此謂陰山陽水雌雄配合着眼陰陽內來者為陽往者為陰此陰陽是氣運消長之陰陽非支干卦爻之陰陽也主張即天心正運立卦山情水意即山水各得其宜配合即天心自然之配合言雌雄配合者也

應驗法

巽風吹入從離宮貪淫女子隨人走房門寅申交姤掛櫟閤下元寅巳亦然見戌水消寅午戌三方三合火局有火災并在旺方為水文筆忌在寅午戌方名鉄謹防火燭

從離乾來者為九六過長房有血症巽是先天兑與後天兑方消小小房口內有症若築壩出啞子難產後天艮方有曲〻水上元旺下元出壞脚在小房艮先天震位長房亦出水消出口打壩築斷有喉症難產午房門對灶有眼疾

驗

六運艮山坤向坤水池震巽水池又小消水巽者財退長房癲瘋死四在巽五在震六在坤不出煞也

五四一八三六
四五六三八一
九九二七七二

六運巳山亥向兑乾水六在兑七在乾

五九一四三二
四一六八八六
九五二三七七

六運初塟乙辛巳亥向兑水去六到兑塟下即發

五九一四三二
四一六八八六
九五二三七七

二運巳山亥向兑乾壬水

四(丑龍)運甲(戌入中)山庚(亥中)向乾五兌(兌)水坎一六方堆二(脉取貪狼護正龍)燈四五發六敗〇發杜王林在峰峒(九四五 二六一 七八三)
三運癸山丁向離艮兌乾巽水三四五皆發七入中巽水八運小房發〇蒼稽積祖
故在單璋山(七三三五一 六八七一五 二四九八)

即山上星辰與水裡龍神一九二八三七四六會合或一六二七三八四九亦可從此論其得失。 東西即山水父母即玄空三元卦即一元三卦山滑此三卦水滑此三卦自然合局

水法渙散迷悠之處五星混雜出脉未見(紛)明顯名之曰破軍而不入龍格只取龍神一路出身之脉其脉又分水土金三星合貪巨武為吉三星者乃形局之星非卦爻方位之貪巨武也

指龍為主人向為賓客主客猶云夫婦實指陰陽之對待山水之交媾牝牡玄關相通皆在此

城門一訣與龍身出脈正是一家背面山情水意即是城門一訣即是收山出煞用一卦法所謂龍到頭者此也所謂賓主雌雄者此也凡有山之水可以不論山而有水之山不能不論水山水相兼之地未可但從山龍而論

大五秘訣不過能用一卦即從此一卦流轉九星

血脈者水城也觀血脈之所自來即知龍之所自來矣

三义即城門　即察血脈以認來龍也知三义之在何方則知龍之屬何脈山上龍神以山為龍者也專以山之陰陽五行推順逆生死水裡龍神專以水之陰陽五行推順逆生死衆水難聚一水當機發機之所與衆獨異微茫渺忽太極之基此是玄竅

名為化氣雌雄對待水土分形撓收灣曲止處是金魚而共砂所氣須明龍之衰旺先看城門于觀紫白原本取九星相宅煞當求印旺旺九星生處宜尋四語則亦為修方而設非為為相宅而設其言頗為有理因撮其要曰

四一同宮發准科名之顯 註一白是官星四綠是文昌如坎宅一白入中宮流年遇四綠到中宮或坎宅艮方是四六流年遇一白到艮又如巽宅四綠入中流年遇一白到中宮或巽宅坤方是一白流年遇四綠到坤之類

九七共遇常逢回祿之殃 註九紫是後天火星七赤是先天火數故主火災

二五交加而損主亦且重病 註二黑病符五黃廉貞故主死病 經曰五主孕婦受災黃遇黑時出寡婦 二主宅母多病黑逢黃出鰥夫

三七疊臨而劫盜更見官災 註三碧是蚩尤星七赤是破軍星故主盜訟

九紫雖云喜氣然六會九而長房血症七九之會尤凶 火尅金也

四綠固是文昌然八會四而小房須損二四之逢更惡 木尅土也

八逢九紫（火生土）曜須知婚喜重來六遇輔（土生金）星可以尊榮顯貴次求嗣續惟生神加紫白至論帑藏尤宜旺氣在飛星是（故）二黑入乾逢八白而財源大進遇九紫而螽斯蟄蟄（此指坎宅乾方或乾宅中宮言之）三碧臨庚會一白（庚為兑也）丁口頻添交二黑則青蚨闐闐（此指坎宅兑方或兑宅中宮言之）卦於乾位屬金九星則二黑為土此號星宮之吉入三層則木來尅土而財少入兑局則星列生宮而人興再逢九紫臨火土之年斯為渭運而財丁並茂兼主科名（此指坎宅言之餘倣此）圖於四間屬金洛書則四綠為木此乃圖尅書之象入兑方則文昌破體而出孤入坤局則土重埋金而出寡若以一層居坎震之鄉始為得氣而科甲傳名亦增丁口（此指四間數言之餘倣此）若夫煞旺當求印旺九星生處宜尋制煞不如化煞局山旺地施工（如兑宅七赤入中宮遇其年九紫到中宮為煞則修動八白之方是為洩土以生金或動六白之方以坐七赤之旺是為旺地施工餘倣此）推而行之一宅可通八宅神而明之九星專用一星按觀此篇紫

白九星。取輪年飛到者。以與坐家九星。較正生尅。非比六十年始挨一星之死法也。
况陽宅係生者所居。得失最速。斧一動。吉凶隨之。

地理千里光玄空秘旨

不知來路豈知入路盤中八卦皆空未識內堂焉識外堂局內盡錯五行乘氣脫氣轉禍福于指掌之間左揆右揆辨吉凶于毫茫之際一天星斗運用正在中央千瓣蓮花根蒂生于點滴夫婦相逢于道路却嫌阻隔不通情兒孫盡在於門庭猶慎凶頑非孝義卦爻雜亂異姓同居吉凶相併螟蛉為嗣山風值而泉石膏肓午酉逢而江湖花柳柳星連奎壁啟八代之文章胃入斗牛積千箱之玉帛雞交鼠而傾瀉必犯徒流雷出地而相沖定遭桎梏火若剋金兼化木數經回祿之災土能制水後生金寶主田庄之富木見火而生聰明秀士火見土而出愚鈍頑夫無家室之相依奔走于東西道路鮮姻緣之作合寄食于南北人家男女多情無媒妁而自相合陰陽相見遇冤讐而反無緣非正配而一交有夢蘭之兆得干神之進至多折桂之英陰

神滿地成群紅粉場中快樂火曜聯珠相遇青雲路上逍遙非類相從家多淫乱雌雄配合世出賢良棟入南離竝見廳堂再煥樞歸北極更逢丹詔頻來金無生氣入門糧蹇一宿會有旺神到穴富積千箱相尅而有相濟之功先天之乾坤大定相生而有相淩之害後天之金水交併木尅土而金位重重禍須有救火制金而水神疊疊吏亦能禳土涸水而金旺無妨金伐木而火燃無邑忌神旺而制神衰乃入室以攙戈凶神旺而吉神囚真門開而揖盜重重尅入立見死亡位位生來連添喜氣不尅我而尅我同類多鰥寡孤獨之人不生我而生我家人出後秀聰明之士為父所尅孟不招兇為母所傷仲難得嗣後人不肖因生方反背無情賢嗣承宗緣生位之端方朝揖我尅彼而遭其殃為財帛以喪身我生之而反受其殃因產難而致死腹多水而臌漲足見金而蹣跚巽宮水道躔乾主有吊梁之厄兌為明堂被震主有吐

血之災風行地而硬直難當室有欺姑之婦火燒天而張牙相鬪家生罵父之兒兩
局相鬪必生逆子孤龍單脉定有獨夫坎宮高塞耳聾離位傷害而目瞎兌缺陷而
唇亡齒寒艮破碎而筋苦臂折山地被風吹還生瘋疾雷風因金死定被刀兵家有
少亡只為冲殘子息卦庭無耆老多因裁破父母交漏道在坎宮遺精泄血破軍居
巽位顛病風狂開口筆插于離方必落孫山之外離鄉砂飛于艮位定亡驛路之中
金水多情貪花戀酒木金相反背義忘恩天緣震武壽庚金會文臣而兼武將之權
南極丁太微丙朝乾貴客而享耄耋之壽天市合丙坤富敵堪國離壬會子癸喜産
多男四生有合人文旺四墓無冲田宅饒南離北坎位格中天長庚啟明交戰四國
健而動順而動動非佳兆止而靜順而靜靜罔不宜富並陶朱斷是堆金積玉貴比
王謝緣木橋扶疏辛吒庚而辛更精神甲附乙而甲加靈秀癸指元龍壬歸紫氣宮

盛各有攸司而臨文曲丁近傷官人財因之耗乏見祿存瘟瘽必發遇文曲蕩子無歸值廉貞而火災頻見逢破軍而身体多傷四墓非吉陽土陰土之所裁四生非凶卦內卦外由我取若知禍福因由妙在天心索籥

元機賦

大哉居乎成敗所係徵哉埜也興廢攸關氣口司一宅之樞龍穴樂三吉之輔陰陽雖云四路宗支只有兩家數列五行體用忌仇始見星分九曜吉凶悔吝乃彰宅元不可損傷用神最宜健旺值難不傷只因難歸閑地逢恩不發祇緣恩落仇宮一貴當權諸凶咸服衆凶尅主獨力難支火炎土燥南離何益乎艮坤水冷金寒坎水不

繫乎乾兌然四卦之互交因取生旺八宫之締合自有假真地天為泰老陰之土生
老陽若坤配兌女庶妾難投寡毋之歡心澤山為咸少男之情屬少女若艮配純陽
鰥夫豈有發生之机括渙木成林雷風相薄中爻淂配水火方交木為火神之本水
為木氣之元乾兌托假隣之誼艮坤通偶尔之情巽陰就離風散而火揚息震陽生
火雷奮而火尤明震與坎為乍交離共巽而暫合坎為生氣淂巽木而附龍聯歡乾
乏元神用兌金而傍成假主風行地上決定傷脾火照澤天必當吐血水兼乾戌莊
生難免歌盆流澤未坤買臣常遭婦賤艮非宜也筋傷股折兌卩利手唇亡齒寒坎宮
缺陷而墮胎離位傷殘而目瞎輔臨丙丁位列朝班巨入艮坤田連阡陌名揚科第
貪狼星在巽宮職仕專閫武曲峰當庚震乾首坤腹八卦推詳癸乙丁心十干類取
畧洩河圖秘奧寔為天地元机此方位之駁雜与本局卦位不相淂而可見應者也

一調一遠兩星同宮斷

四一同宮准發科名之顯九七共遇當遭回祿災之二五交加而損主亦且重病三七迭臨而刼盜更見官刑三九九六六三惟在乾震離攀龍有兆(二五八之屋喜)一七七四四一但當艮坤中附鳳何難(一四七之屋吉)八二二五五八在兌巽坎登雲足賀(三六九之屋吉)遇退煞亦無嫌逢生旺則利益非獨運與局可以參觀抑且年月尤須並論運氣交逢分大小年月交會辦三元宅以局方為主(須看其形局方向也)層以圖運(即是九星)掾權坤兌流東丁向科名獨盛庚水出巽艮山甲第流芳下元癸卯坎局之中宮發科歲在壬寅兌上之六白入泮煞旺須求身旺制煞不如化煞七赤先天火數九紫後天火星旺宮单遇動始為殃煞處重逢靜亦肆雷(此運上七赤九紫吉)如火星疊見或戊己加臨不分動靜火患非均廟宇刷紅在一白坎煞方尚主瘟火樓臺共聳當七赤旺地豈免炎災二星

同列一宮萬家成燼片刻巽方庚子造書館坎兑二局尽燬而坤局之界不侵已損
上元丙午起高樓巽
子黑病符無論沖中離兑俱燒而艮局遠方始免五黄關煞不拘臨方到向人口常
損二黑病符無論小運流年疾病多生五主孕婦受災黄遇黑出寡二主宅母多
痲黑逢黄又鰥居運如已退九紫相逢災不輕運若已來五二交臨疾不免三碧好
勇鬪狠之夫七赤肅煞劍鋒之象交劍煞臨多叔掠鬥牛煞起免官刑七逢三到生
財豈知財多招盗三遇七臨生病豈知病已遭官運至何慮穿心然而柔心遇旺終
逢賊刼身强不畏反吟但因助神一去遂見官災若求息盗遏盗何須局外搜求要
識却病延年全在疇中討論六八武科發跡七九韜略榮身八六文士叅軍二九巽
途擢用旺生一遇即利死退雙臨孰當六逢九而長房血症七九之會尤凶八值四
而小口殞生二四之逢更惡（二四一作八三）八逢九紫婚喜重來六遇八星尊榮疊至欲求

嗣續惟取生神加紫白若論帑藏尤宜旺氣在飛星二黑入乾逢八白而財源大進遇九紫而螽斯蟄蟄三碧臨庚會一白則丁口頻添交二黑則青蚨闐闐木向逢一白為生八白同宮雖添丁口不育火層遇木運招財逢年亦子却惹官而生災遇煞未可言煞宜求化殺為恩逢生未可言生尤懼恩星受制方曜宜配局配山更配層星乃善向星必合山合層尤宜方位增光在方論方原有星宮生尅之辨復配以山之生死局之旺衰層之退煞而方曜之得失斯著就向論向固有疇宮配合之殊再合以層之恩難山之父子局之財官而向星制之化聿彰論方者以局山同到觀其得運失運而吉凶懸絕論向者以運年月疊至徵其得氣失氣而休咎分途卦于乾位屬金九星則二黑為土此號星宮之吉入三層則木來尅土而財少入兑局則星列生宮而人興再逢九紫臨火土之年斯為得運而財丁並茂無主科名屬于四向

屬金洛書則四綠為木此乃圖尅書之象入兌方則文昌破体而出孤入坤局則土重埋金而出寡若以層一居坎震之鄉如為得氣而科甲儁名亦增丁口層局雖交運而關煞方之六事亦怕都天火星疊凶山水逢元而死退方之凶星尤畏黃旛豹尾助壹吉凶原由（曲）星判隆替乃從運分

三字經

大玄空妙無窮用九星排九宮分順逆各不同動八卦一卦通躔何位落何宮夫與婦各相從隨元運判吉凶山管山水管水兩相照喜和融惟空位忌流衝艮寅甲巽巳丙坤申庚乾亥壬此十二陽順輪子癸丑卯乙辰午丁未酉辛戌此十二陰逆行曰辰戌曰丑未此四支號單陰曰甲庚曰壬丙此四干單陽名

曰子癸。曰午丁。曰卯乙。曰辛酉。兩相比。是雙陰。曰乾亥、曰坤申。
曰巽巳。曰艮寅。兩不離。雙陽親。排六甲。佈八門。陰轉陽。陽轉陰。
有時陽。有時陰。顛顛倒。順逆行。分陰陽。定五行。兼左右。空中尋。
坤壬乙。巨門出。庚丙辛。是破軍。巽辰亥。武曲名。甲癸申。貪狼行。
天心轉。九宮更。非巨門。曰巨門。非破軍。曰破軍。雙雙起。無定名。
通變化。任橫行。

八卦分六十四卦論

欽囊經云乾為天為金為陽為老父于身屬骨首肺面上焦于若四九二卦配合天水訟天山遯天雷無妄天風姤天火同人天地否天澤履

坎為水為陽為中男于身屬耳血腎寒于若一六二卦配合水山蹇水雷屯水風井水火既濟水地比水

澤節水天需　艮為山為土為陽為少男于身屬手指骨鼻背于若五十二卦配合山雷頤山風蠱山火賁山地剝山澤損山天大畜山水蒙　震為雷為木為陽為長男于身屬足肝髮音驚于若三八二卦配合雷風恒雷火豐雷地豫雷澤歸妹雷天大壯雷水解雷山小過　巽為風為木為陰為長女于身屬股肱風疾氣于若三八二卦配合風火家人風地觀風澤中孚風天小畜風水渙風山漸風雷益　離為火為陰為中女于身屬心目熱于二七二卦配合火地晉火澤睽火天大有火水未濟火山旅火風鼎火雷噬嗑　坤為地為土為陰為老母于身屬皮肉腹胃穀不化于若五十二卦配合地澤臨地天泰地水師地山謙地雷復地風升地火明夷　兌為澤為金為陰為少女于身屬肺舌口痰涎于若四九二卦配合澤天夬澤水困澤山咸澤雷隨澤風大過澤火革澤地萃

煞宅玉鏡

碧綠加坤艮而病脾胃（木尅土也）六七遇紫而肺傷（火尅金也）紫逢一白而害目（水尅火也）碧綠淂六七而筋當（金尅木也）二八臨一白而病在腎（土尅水也）五黄遇碧而病腹肚（木尅土也）

陽宅心鏡

子疝氣丑脾肝寅背肱卯目手辰背胸巳面齒午心腹未脾脇申肝肺酉肝肺戌背肺亥肝腎

一掌金訣

甲肝乙胆丙小腸　丁心戊胃巳脾鄉　庚是大腸辛是肺　壬是膀胱癸腎臟
火心金肺木從肺　脾胃從來戊巳看　腎臟北方壬癸水　相生相尅許多般
甲頭乙項丙肩求　戊脇丁心巳脾儔　庚係人臍辛是腹　壬脛癸足可尋搜

疾病論

金弱遇火炎之地　血疾無疑寅午戌年應土虛逢木旺之鄉　脾疾之論寅卯甲乙年應筋疼骨痛　盖因木被金傷庚辛申酉年應眼目昏花　必是火遭水尅申子辰年應下元冷疾　只因水值土傷辰戌丑未年應

碎金賦

金來尅木多凶死　自縊刀傷病肺肝　咳嗽痰哮胸隔滿　体虛舌燥又咽乾
腿疼足痛傷筋骨　揆理皆因木受傷
木來尅土瘋顛病　胃氣冲心發獃歌　體弱面黄并眼澁　失音氣血欠安和
腿酸脚軟風邪作　肚痛膨脝咳嗽多
土來尅水主啞聾　失音小子主瘦癯　風狂無定多思慮　眼痘昏花氣不通
水來尅火火頭痛　噎食邪淫病作癆　水盛傷心與瀉痢　皆因水火不能交
婦人胎病兼崩漏　寒熱均難胃不調

火若尅金多咳嗽　胃寒食少面皮黃　酒色靈勞成吐血　肺金渡火見形傷

投河自縊兼為盜　手足難伸見老陽　更有風顛及癱瘓　老陽少女各身當

地理奇書終

弟子平芳

天心正運

東渠寫人錄

天心正運摘要

山向陰陽表　　　　鶖口華子平著

五戊陽　乾亥壬艮寅甲巽巳丙坤申庚陽局

五戊陰　子癸丑卯乙辰午丁未酉辛戌陰局

子午卯酉配乾坤艮巽局

一子陰	二坤陽	三卯陰	四巽陽	五	六乾陽	七酉陰	八艮陽	九午陰

辰戌丑未配甲庚丙壬局

一壬陽	二未陰	三甲陽	四辰陰	五	六戌陰	七庚陽	八丑陰	九丙陽

寅申巳亥配乙辛丁癸局

一癸陰	二申陽	三乙陰	四巳陽	五	六亥陽	七辛陰	八寅陽	九丁陰

附飛星長生說

經曰二十四山管三卦莫與時師話忽然知得便通儒代代鼓駢闐此即一卦有三卦之說後人解者紛紛莫肯將真詮透露予特明言以便世人解悟試舉八白運中離卦以明之如八運之壬子癸三山丙午丁三向用上飛星法丙向順飛至丙為七

乂乃庚也庚乃陽金處丙陽火之方向上本之火尅飛星之謂之尅出乂又為失運
退氣丁財俱無大不利矣午向逆飛至為八八乃艮也艮迺陽土處午陰火之方向
上本位之火生飛星之土謂之生出財丁俱洩雖為旺氣亦何益乎丁向順飛至丁
為八八迺寅也寅乃陽木處丁陰火之方飛星之陽木生向上本位之陰火謂之生
入又火生於寅既為當元旺氣又為長生丁財皆旺豈不大利乎推之三元九運二
十四山向四十八兼局同此例算之吉凶無不神驗禍福判然可斷此即八神四個
一八神四個二也又即本山來龍立本向也非是子山來龍立子向也須人自悟之
總云先要地盤立局山宜坐生旺向死絕水宜坐死絕向生旺此局即在四長生中
推算五行再合換星元運之吉凶於是地盤合局天星合運兩者兼之自然有吉無
凶所以飛星長生相為表裏二而一者也世人分開言之皆是未知青囊天玉諸經之旨耳

飛星順逆表

	一運	二運	三運	四運	五運	六運	七運	八運	九運
乾山	順	逆	順	順	順	逆	順	逆	逆
巽向	逆	逆	順	逆	順	順	順	逆	順
亥山	順	逆	順	順	順	逆	順	逆	逆
巳向	逆	逆	順	逆	順	順	順	逆	順
壬山	逆	順	逆	順	順	逆	順	逆	順
丙向	順	逆	順	逆	順	逆（順）	順（逆）	逆（順）	逆
子山	順	逆	順	逆	逆	順	逆	順	逆
午向	逆	順	逆	順	逆	逆	順	逆	順

癸山	丁向	丑山	未向	艮山	坤向	寅山	申向	甲山	庚向
順	逆	逆	順	順	逆	順	逆	逆	順
逆	順	逆	逆	順	順	順	順	順	逆
順	逆	逆	順	順	逆	順	逆	順	順
逆	順	順	順	逆	逆	逆	逆	逆	逆
逆	逆	逆	逆	順	順	順	順	順	順
順	逆	順	順	逆	逆	逆	逆	逆	逆
逆	順	順	逆	逆	順	逆	順	順	順
順	逆	逆	逆	順	順	順	順	逆	順
逆	順	順	逆	逆	順	逆	順	順	逆

卯山	酉向	乙山	辛向	辰山	戌向	巽山	乾向	巳山	亥向
順	逆	順	逆	順	逆	逆	順	逆	順
逆	順	逆	順	順	順	逆	逆	逆	逆
逆	逆	逆	逆	逆	逆	順	順	順	順
順	順	順	順	順	逆	逆	順	逆	順
逆	逆	逆	逆	逆	逆	順	順	順	順
順	順	順	順	逆	順	順	逆	順	逆
逆	逆	逆	逆	逆	逆	順	順	順	順
順	逆	順	逆	順	順	逆	逆	逆	逆
逆	順	逆	順	逆	順	順	逆	順	逆

丙山 順逆順逆順順逆順逆
壬向 逆順逆順順逆順逆順
午山 逆順逆順逆逆順逆順
子向 順逆順順逆逆順逆逆
丁山 逆順逆逆逆順逆順順
癸向 順逆順順逆順逆逆逆
未山 順逆順順逆順順逆逆
丑向 逆逆逆逆順順順逆順
坤山 逆順逆逆順逆逆順順
艮向 順順順逆順逆順順逆

申山	寅向	庚山	甲向	酉山	卯向	辛山	乙向	戌山	辰向
逆	順	順	逆	逆	順	逆	順	逆	順
順	順	逆	順	順	逆	順	逆	順	順
逆	順	順	逆	逆	逆	逆	逆	逆	逆
逆	逆	逆	順	順	順	順	順	逆	順
順	順	順	順	逆	逆	逆	逆	逆	逆
逆	逆	逆	逆	順	順	順	順	順	逆
逆	順	順	順	逆	逆	逆	逆	逆	逆
順	順	順	逆	逆	順	逆	順	順	順
順	逆	逆	順	順	逆	順	逆	順	逆

五行生尅表

上一字在內係山
下一字在外係向

生入	尅出	生出	尅入	比和
一六	一九	一三	一二	一一
一七	二一	一四	一五	二五
二九	二六	二六	一八	二二
三一	三五	二七	二三	二八
四一	三八	三九	二四	三四
五九	四五	四九	三六	三三
六八	四八	五六	三七	四三
六二	四二	五七	四六	四四

六五　七八　七二　七五　八九　九三　九四

五一　六三　六四　七三　七四　八一　九六　九七

六一　七七　八六　八七　九二　九五　九八

四七　五三　五四　六九　七九　八三　八四　九一

五五　五八　五二　六七　六六　七七　七六　八九八　八二　八五　九九

生尅凡例

如山上飛星為一白水遇向上飛星到此方為六白金一與六相見向盤之金生山盤之水曰生入

如山上飛星為一白水遇向上飛星到此方為九紫火一與九相見山盤之水尅向盤之火曰尅出

如山上飛星為一白木遇向上飛星到此方為三碧木一與三相見山盤之水生向盤之木曰生出

如山上飛星為一白水遇向上飛星到此方為二黑土一與二相見向盤之土尅山盤之水曰尅入

如山上飛星為一白水遇向上飛星到此方為一白水一與一相見山盤之水同向

盤之水曰比和

凡一應方位皆照此例推算生入尅入大吉生出尅出大凶比和無吉無凶

九星五行起法

九星五行之法如上元一白運子山午向將一白本運飛布八方一白入中二黑在乾三碧在兌四綠在艮五黃在離六白在坎七赤在坤八白在震九紫巽在此係本元之運一路順行九運皆同也至飛星山向則分順逆如上元子山坎卦所屬六白在中宮順飛八方逢六何以用順也子午卯酉其局屬陰乾坤艮巽其局屬陽此八局一為子陰二為坤陽三為卯陰四為巽陽六為乾陽七為酉陰八為艮陽九為午陰也逢六遇乾乾乃陽局陽順陰逆所以六為陽局順飛八方六入中宮七至乾八至兌九至艮一至離二至坎三至坤四至震五至巽本山變為二黑本向上變為一白此

係飛星上之星於是向之五黃入中逆飛八方逢五何以用逆也以子午卯酉為陰也每局逢五皆從山向定陰陽山為陰五即陰山為陽五即陽向為陰五即陰向為陽五卯陽此局五在向向是午午是陰所以五從五陰向逆飛八方五入中宮四至乾三兌二至兌二至艮一離九至坎八至坤七至震六至本向變為一白本山變為九紫此係飛向上之星山與向兩者合看山上二黑加九紫向上一白加一白於是飛星五行之法始備總之元運之一白而分山向之六五以山向之六五而六五之乾巳以六五之乾巳而明乾巳之陰陽以乾巳之陰陽而正陰陽之順逆二十四山向四十八局飛星之例皆同山向之飛星定於是辨元運之得失山向之生剋以判吉凶辨之其法俱有成書刊刻行世茲不復贅凡用飛星之法先要地局合格然後以山向水口主持氣運學者須以神會之可也

元運　戌山向　乾山向　亥山向　壬山向　子山向　癸山向　丑山向　艮山向

依運推算法

一白	未比和	坤生出	申生入	戌剋入	乾生入	亥比和	辰比和	巽剋入
二黑	甲剋入	卯剋出	乙生出	庚剋入	酉生入	辛生入	巳比和	戊比和
三碧	辰比和	巽剋出	巳剋出	丑剋入	艮剋入	寅生出	戌比和	乾生出
四綠	巳比和	戊生入	戊剋入	丙剋出	午剋出	丁剋出	庚生出	酉生出
五黃	戌比和	乾比和	亥比和	壬比和	子比和	癸比和	丑比和	艮比和
六白	庚生出	酉比和	辛生入	未剋入	坤剋入	申生入	丙生入	午生入
七赤	丑比和	艮生入	寅生出	甲生出	卯生出	山生出	壬剋出	子剋出
八白	丙生入	午剋入	丁剋出	辰剋入	巽生出	巳剋出	未比和	坤比和
九紫	壬剋出	子生出	癸比和	戊剋入	巳剋入	己剋入	甲剋入	卯剋入

寅山向	甲山向	卯山向	乙山向	辰山向	巽山向	巳山向	丙山向	午山向	丁山向
巳生出	丑剋出	艮剋出	寅比和	丙生入	午生出	丁比和	戊生出	巳生出	己生出
戊剋出	丙生出	午生出	丁生出	壬剋出	子生入	癸剋入	戌剋出	乾剋出	亥剋入
亥生入	壬生入	子生入	癸生入	未比和	坤剋出	申剋出	庚剋出	酉剋出	辛剋出
辛剋入	未剋出	坤剋出	申剋入	甲剋入	卯比和	乙生入	丑生出	艮生出	寅生入
寅比和	甲比和	卯比和	乙比和	辰比和	巽比和	丁比和	丙比和	午比和	丁比和
丁生出	辰剋出	巽比和	巳生出	巳比和	戊剋出	戊比和	壬剋入	子剋入	癸剋入
癸剋出（生入）	戌剋出	己剋出	巳剋出	戊比和	乾剋入	亥剋入	未生出	坤生出	申剋出
申剋入	戌剋出	乾剋入	亥生入	庚生出	酉剋入	辛剋出	甲生入	卯生入	乙生入
乙比和	庚剋出	酉剋入	辛剋入	丑比和	艮剋出	寅生入	辰生出 出	巽生入	己比和

未山向	庚生出	丑比和	丙生入	壬尅出	未比和	甲尅入	辰比和	己比和	戌比和
坤山向	酉生出	艮比和	午生入	子尅出	坤比和	卯尅入	巽尅入	戊比和	乾生出
申山向	辛比和	寅尅出	丁尅入	癸生出	申比和	乙尅出	巳尅入	戊生入	亥生出
庚山向	甲尅出	辰生入	戊生入	戊生入	庚比和	丑生入	丙尅入	壬尅出	未生入
酉山向	卯尅出	巽尅出	己生入	乾比和	酉比和	艮生入	午尅入	子生出	坤生入
辛山向	乙尅出	巳尅入	巳生出	亥生出	辛比和	寅尅出	丁尅入	癸生出	申比和

此法止以推算將來用之。以將來逐元之運入中。順輪到山到向。為河位定其生尅比和。以斷吉凶。次在本運中起造陰陽兩宅。仍還本運之元星。輪到山向。以斷吉凶。不可執此法以候用也。山詹人下。內度財祿。

九星應天星次序

一貪狼　天蓬星太乙坎水白
二巨門　天芮星攝提坤土黑
三祿存　天衝星軒轅震木碧
四文曲　天輔星招摇巽木綠
五廉貞　天禽星天符中土黄
六武曲　天心星青龍乾金白
七破軍　天柱星咸池兑金赤
八左輔　天任星太陰艮土白
九右弼　天英星太乙離火紫

排山掌輪法

如上元一白運乾山巽向即將本運之一白入中順輪（凡本運起飛星俱順輪）至乾六得二黑即以二黑為山之飛星再輪至巽四得九紫即以九紫為向上飛星（此本運起飛星法第一盤）再以山上飛星二黑入中二黑屬坤即以坤宮之未坤申移入乾宮則乾下是坤坤為陽法順輪至乾六得三碧即以三碧為山之飛星再輪至巽四得一白即以一白為向上山飛星（此山上起飛星法為第二盤）再以向之飛星九紫入中九紫屬離即將離宮丙丁移入巽下是午午屬陰法逆輪至巽四得一白即以一白為向之飛星與向上山飛星交俱一白即以壬子癸移入巽宮巽下內外俱子為比和主財祿可許平常再輪至乾六得八白即以八白為山上向飛星與向上飛星交即內三卦八即震宮甲卯乙移入乾宮為內再以艮宮丑艮寅移入乾宮為外則內卯外艮為魁出山主人丁斷必絕後（此向上飛星法為之第三盤）如上元二黑運丑山丙向即將本運二黑入中宮順輪（凡本運起

飛星俱順行至離九丙屬離宮涓六白即以六白為向之飛星再輪至坎一壬屬坎宮涓七赤即以七赤為山之此法為本運起飛星第四盤再以山之飛星七赤入中宮七赤屬兑即以兑宮庚酉辛移入坎宮則壬下是庚庚屬陽法順輪至離九涓二黑即以二黑為向上山飛星再輪至坎一涓三碧即以三碧為山上飛星第二盤也再以向飛星六白入中宮六白屬乾卸即以乾宮戌乾亥移入離宮則丙下是戌戌屬陰法逆輪至坎一涓一白與山上飛星交則內三外一即以震之甲卯乙與坎之壬子癸交則壬水生甲木為生入山主人丁斷必繁衆再輪至離九涓二黑即內外俱二即以坤之未坤申移入離宮則丙下內外俱未為比和向主財祿斷其平常此內上起飛星法為第三盤已

右錄起法二則餘可推類

二十四山向分三局歌

子午卯酉神。乾坤艮巽親。辰戌丑未位。甲庚丙壬配。
巳亥與寅申。乙辛丁癸倫。

山向通利歌

一白運

壬乾亥子。辰艮星祥。上元一白。
基業恢宏。癸甲未丑。乙巳平平。

二黑運

癸壬子戌。巳巽庚丁。辛山共九。
二黑祥星。艮乾丑未。半吉坤靈。

三碧運

壬寅甲子。卯乙坤申。庚辛未酉。
三碧祥臻。辰連戌丑。半吉之神。

四綠運

庚丁乙巳。戌亥寅乾。運辰九位。
建業生賢。平平酉巽。四綠真詮。

六白運

坤庚酉未○癸子丁壬○丙同丑艮○
六白祥臨○辰乾夘酉○凶亦無侵○

七赤運

乾寅巽巳○申酉庚辛○同坤九曜○
七赤如珍○非凶不吉○未戌建辰○

八白運

戌乾夘乙○丙巽申丁○壬寅共午○
八白祥星○艮坤未丑○凶吉兩停○

九紫運

癸壬艮丑○甲夘乙鄉○酉庚巳午○
九紫榮晶○寅辰丁未○辛亥無缺○

五黃運二十載二十四山向俱比和故不必歌此八歌須依與運推算法合看

趕造坐山吉凶歌

上元一白妙非常　子癸寅辰卯乙鄉。山坐艮乾并未丙。廿年之內必殃遭。

二黑壬寅亥乾甲。巽辛巳上子孫賢。山居丁午申辰位。造葬人家哭泣連。

亥戌壬乾卯乙間。上元甲乙亦佳山。巽庚癸子逢三碧。巳艮酉辰後裔難。

卯乾亥丑艮坤申。酉未壬庚盡吉祥。寅午丁辛逢四綠。兒孫消散哭聲頻。

子癸寅乾甲卯鄉。五黃乙亥戌皆良。巳丁午巽庚辛酉。更有申辰總不祥。

癸子中元巳艮通。酉山六白也興隆。甲寅卯丑申坤未。巽乙消亡丙也窮。

卯辰午甲戌皆高。七赤兒孫定富豪。庚巽乾坤申酉丑。辛丁亥巳盡遭殃。

乙寅巳亥妙堪誇。戌丙山推八白嘉。癸子申庚乾巽坐。人消家散禍無涯。

丁壬丑巽共坤申。九紫山逢旺子孫。午戌酉辛營不淂。宅坟坐此哭天昏。

趂造對向吉凶歌

丙乾未艮妙通神　一白與工產業洪　卯癸寅辰連乙子　貪狼向上也當窮

丁午申辰二黑承　向朝家道似雲興　寅乾甲巽壬辛亥　巳亦衰神業漸崩

癸巽辰庚艮子臨　旺神巳酉向多金　未乾亥戌迎三碧　乙甲凶星卯惡侵

辛丁寅午向堪收　四綠田財日進優　卯未坤申庚酉丑　壬乾艮亥室無留

五黃辰巳酉申庚　寅午丁辛巽業宏　甲卯乙乾連子癸　盤繩亥戌亦毋迎

卯申甲寅未一循　巽坤丑丙亦祥臻　子方六白原非吉　巳酉家空癸更貧

丁坤丑亥巽乾辛　酉巳申庚積產田　午卯戌辰并甲乙　運逢七赤哭蒼天

八白庚申癸巽方　子乾朝對日增祥　乙寅亥丙俱凶地　戌巳門迎也不良

午辛酉戌下元神　九紫門前喜氣臻　申巽丁壬坤丑位　室如懸磬難聲頻

巳上山向十八歌須與二百六十圖及吉凶表合觀

子山午向

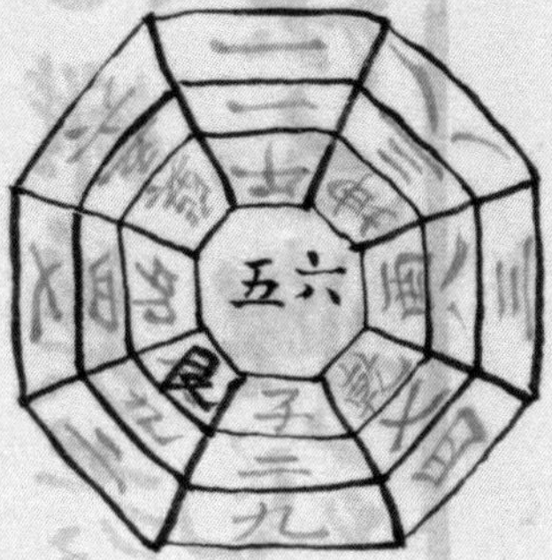

因堪祕訣更安親。不憚心煩底蘊求。
備得一部傳共讀。人誠國富世
歸淳。

鐵溪守愚道人題

民國辛未歲中秋後陸日之中刻錄畢

滇南東渠洵人藏

心雖莫共曉
法不與凡人

32	命學探驪集	【民國】張巢雲	發前人所未發 稀見民初子平命理著作
33	澹園命談	【民國】高澹園	
34	算命一讀通——鴻福齊天	【民國】不空居士、覺先居士合纂	
35	子平玄理	【民國】施惕君	
36	星命風水秘傳百日通	心一堂編	
37	命理大四字金前定	題【晉】鬼谷子王詡	源自元代算命術
38	命理斷語義理源深	心一堂編	稀見清代批命斷語及活套
39－40	文武星案	【明】陸位	失傳四百年《張果星宗》姊妹篇 千多星盤命例　研究命學必備
相術類			
41	新相人學講義	【民國】楊叔和	失傳民初白話文相術書
42	手相學淺說	【民國】黃龍	民初中西結合手相學經典
43	大清相法	心一堂編	重現失傳經典相書
44	相法易知	心一堂編	
45	相法秘傳百日通	心一堂編	
堪輿類			
46	靈城精義箋	【清】沈竹礽	沈氏玄空遺珍 玄空風水必讀
47	地理辨正抉要	【清】沈竹礽	
48	《玄空古義四種通釋》《地理疑義答問》合刊	沈瓞民	
49	《沈氏玄空吹虀室雜存》《玄空捷訣》合刊	【民國】申聽禪	
50	漢鏡齋堪輿小識	【民國】查國珍、沈瓞民	
51	堪輿一覽	【清】孫竹田	失傳已久的無常派玄空經典
52	章仲山挨星秘訣（修定版）	【清】章仲山	章仲山無常派玄空珍秘 門內秘本首次公開 沈竹礽等大師尋覓一生末得之珍本！
53	臨穴指南	【清】章仲山	
54	章仲山宅案附無常派玄空秘要	心一堂編	
55	地理辨正補	【清】朱小鶴	玄空六派蘇州派代表作
56	陽宅覺元氏新書	【清】元祝垚	簡易・有效・神驗之玄空陽宅法
57	地學鐵骨秘　附　吳師青藏命理大易數	【民國】吳師青	釋玄空廣東派地學之秘
58－61	四秘全書十二種（清刻原本）	【清】尹一勺	玄空湘楚派經典本來面目 有別於錯誤極多的坊本

62	地理辨正補註 附 元空秘旨 天元五歌 玄空精髓 心法秘訣等數種合刊	【民國】胡仲言	貫通易理、巒頭、三元、三合、天星、中醫
63	地理辨正自解	【清】李思白	公開玄空家「分率尺、工部尺、量天尺」之秘
64	許氏地理辨正釋義	【民國】許錦灝	民國易學名家黃元炳力薦
65	地理辨正天玉經內傳要訣圖解	【清】程懷榮	秘訣一語道破，圖文并茂
66	謝氏地理書	【民國】謝復	玄空體用兼備、深入淺出
67	論山水元運易理斷驗、三元氣運說附紫白訣等五種合刊	【宋】吳景鸞等	失傳古本《玄空秘旨》《紫白訣》
68	星卦奧義圖訣	【清】施安仁	
69	三元地學秘傳	【清】何文源	
70	三元玄空挨星四十八局圖說	心一堂編	三元玄空門內秘笈　清鈔孤本 過去均為必須守秘不能公開秘密 與今天流行飛星法不同
71	三元挨星秘訣仙傳	心一堂編	
72	三元地理正傳	心一堂編	
73	三元天心正運	心一堂編	
74	元空紫白陽宅秘旨	心一堂編	
75	玄空挨星秘圖 附 堪輿指迷	心一堂編	
76	姚氏地理辨正圖說 附 地理九星并挨星真訣全圖 秘傳河圖精義等數種合刊	【清】姚文田等	
77	元空法鑑批點本——附 法鑑口授訣要、秘傳玄空三鑑奧義匯鈔 合刊	【清】曾懷玉等	蓮池心法　玄空六法 門內秘鈔本首次公開
78	元空法鑑心法	【清】曾懷玉等	
79	曾懷玉增批蔣徒傳天玉經補註【新修訂版原（彩）色本】	【清】項木林、曾懷玉	
80	地理學新義	【民國】俞仁宇撰	
81	地理辨正揭隱（足本） 附連城派秘鈔口訣	【民國】王邈達	揭開連城派風水之秘
82	趙連城傳地理秘訣附雪庵和尚字字金	【明】趙連城	
83	趙連城秘傳楊公地理真訣	【明】趙連城	
84	地理法門全書	仗溪子、芝罘子	巒頭風水，內容簡核、深入淺出
85	地理方外別傳	【清】熙齋上人	巒頭形勢、「望氣」「鑑神」
86	地理輯要	【清】余鵬	集地理經典之精要
87	地理秘珍	【清】錫九氏	巒頭、三合天星，圖文並茂
88	《羅經舉要》附《附三合天機秘訣》	【清】賈長吉	清鈔孤本羅經、三合訣法圖解
89-90	嚴陵張九儀增釋地理琢玉斧巒	【清】張九儀	清初三合風水名家張九儀經典清刻原本！